Um show em Jerusalém
O Rei na Terra Santa

Um show em Jerusalém
O Rei na Terra Santa

TEXTOS
Léa Penteado

FOTOS
Cláudia Schembri

EDITORA GLOBO

Para Dody Sirena e Roberto Carlos
Criador e criatura de uma maravilhosa viagem

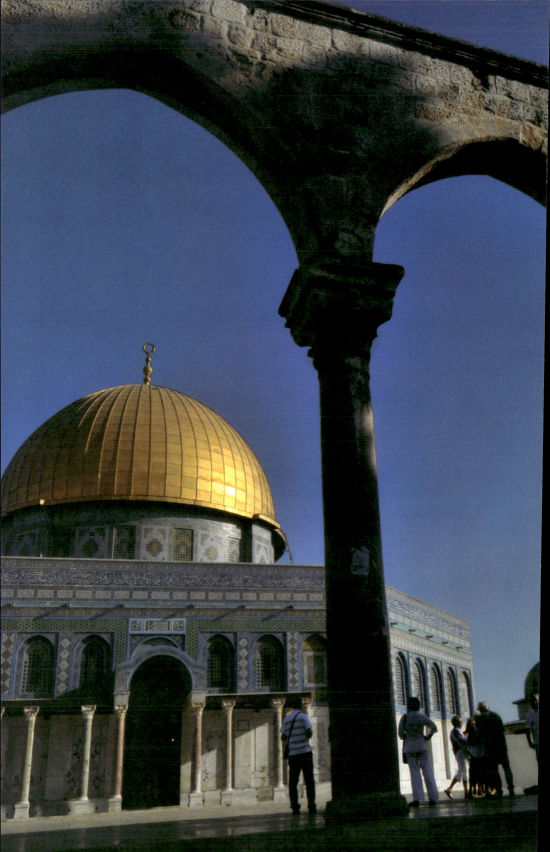

*"Se eu me esquecer de ti,
ó Jerusalém, esqueça-se
a minha direita
da sua destreza..."*

Salmos 137:5

SUMÁRIO

———•———

Proposta ambiciosa, **21**
Quem é quem, **37**
Imagens sagradas, **45**
A entrevista, **57**
Detalhes, **77**
Aridez, **83**
Simplicidade, **91**

Encontro com Peres, **97**
Cenário, **105**
Gravação, **119**
Beduínos, **129**
Parábola, **137**
Saudação do prefeito, **143**
Enfim, o show, **149**

Do alto da arquibancada, olhando em direção ao palco, parecia, como por magia, que a cidade sagrada havia transposto sua muralha levando junto sete ícones de sua arquitetura, assentados ao lado de uma oliveira. A luz fraca da lua crescente não interferia na magistral iluminação que dava vida aos detalhes, fazendo brilhar ainda mais a cúpula de ouro. Era Jerusalém dentro de Jerusalém. Estava quase no final do espetáculo, as bandeiras do Brasil já haviam dançado ao som de "Aquarela do Brasil", homenageando o Dia da Independência, quando, aos primeiros acordes de um violino numa canção desconhecida para os brasileiros, percebi alguns suspiros. À medida que as frases musicais da valsa se sucediam, os suspiros passaram para sussurros, se transformaram em rumores, e quando Roberto Carlos entoou a primeira estrofe em português, surpreendeu a todos.

"Das montanhas o cheiro agreste, o vento é uma carícia, a árvore dorme pedra e pó, mas a cidade não está só... Jerusalém toda de ouro, minha eterna namorada, estou aqui com meu fervor, minha fé, meu amor..."

Um nó na garganta em mais de cinco mil pessoas. Israelenses, brasileiros, mexicanos, angolanos, argentinos, americanos, uruguaios, tantas nacionalidades e muitos deles jamais tinham ouvido a canção suave e com uma energia tão forte inebriando o local. Na segunda estrofe, quando o cantor entoou em hebraico, os israelenses elevaram as mãos dando graças aos céus. Podia-se não entender uma só palavra, mas estava compreendido nas entrelinhas da música, uma linguagem universal, que se cantava um hino de amor a uma cidade, à devoção há mais de cinco mil anos de um povo. Como num parto aguardado por mais de nove meses, o espetáculo nasceu sob aplausos, lágrimas e alegria.

Eram quase duas mil mulheres chegando ao Palácio do Anhembi (em São Paulo) para um show exclusivo dirigido a elas. Frisson, risinhos, correria. Essas mulheres jovens e maduras, de todas as idades, classes, estilos e credos, mais pareciam meninas no recreio do colégio interno. Por mais que eu tentasse admirar a situação do show *Roberto Carlos só para Mulheres*, programado e discutido por tantos meses diante de seu ineditismo, não conseguia me concentrar. Estava longe, muito longe, há quase 11 mil quilômetros de distância, viajando num projeto ainda secreto. Talvez uma possibilidade, um rascunho, algo profundamente envolvente.

Tudo começara dois dias antes, quando o chamado para uma reunião interrompeu o meu trabalho. Na sala do oitavo andar me esperavam Dody (Sirena) e Bia (Aydar). Dody estava voltando de uma viagem ao exterior onde celebrara seus cinquenta anos com Fernanda,

A Cidade Sagrada com os bairros árabe, judeu, cristão e armênio se mantêm intacta dentro de Jerusalém, uma cidade disputada há milênios.

sua mulher. Bia, amiga e parceira em tantos eventos, também não sabia do que se tratava. Enquanto entrávamos na sala de reunião, pelo ar solene do encontro, pensei que revelaria alguma negociação no exterior de um grande show de algum artista internacional. No entanto, ele veio com um convite para nos agregarmos a uma incrível experiência.

Dody vinha de uma pequena peregrinação em agradecimento à vida. Passara por Lourdes, no sul da França, e Paris, depois seguiu até Praga, na República Tcheca, e encerrou as curtas férias em Jerusalém. Lá, como qualquer turista, andou pela Via Sacra, foi ao Monte das Oliveiras, à Torre de Davi, viajou até Belém, foi ao Mar Morto, conheceu a Galileia, o rio Jordão. Encantou-se com tudo. Da janela do hotel, a linda Jerusalém com seu domo de ouro era uma atração constante. Havia algo mais naquela cidade a ser revelado. Saindo do bairro dos armênios em direção ao Templo de Davi, perguntou à guia Daniela se aconteciam shows em Jerusalém. Ela mencionou que raramente montavam-se grandes espetáculos e apontou um local distante onde eram realizados alguns deles e óperas. Esse termo "alguns shows" ficou na cabeça de alguém que fez como trajetória o mundo do show business. A semente estava plantada. Na noite seguinte, Dody telefonou para Roberto Carlos, artista que empresaria há quase vinte anos. Com a diferença do fuso horário (seis horas à frente), Roberto Carlos estava no estúdio trabalhando. Dody começou a contar sobre a ideia de fazer um show naquele local em Jerusalém e Roberto ficou em silêncio. Dody continuou falando e, como sempre acontece, Roberto, com bom humor, comentou que Dody devia aproveitar as férias em vez de pensar em trabalho. Dody insistiu:

— *Roberto, podemos considerar a ideia?*
— *Sim, gosto muito dessa ideia.*

O Domo da Rocha foi construído em 688 sobre o Monte Moriá. O templo sobreviveu a ataques, terremotos e seu acesso é restrito a muçulmanos.

Na entrevista coletiva no Hotel Davi Citadel, entre as bandeiras do Brasil e de Israel, Roberto Carlos com Dody Sirena.

Dody lembra que os processos com o cantor muitas vezes são assim. Primeiro, o silêncio como reflexão, depois, um comentário bem-humorado, uma brincadeira. Com essa resposta, no dia seguinte mandou um e-mail para Cicão e Duflair (Cicão Chies, sócio, e Duflair Pires, sócio da DC Set Sports) sobre a proposta e a reação de Roberto, para que pudesse ouvir a posição dos parceiros. Começava ali a construção de um sonho que envolveu mais de quinhentos profissionais.

* * *

Conheci Dody Sirena há 25 anos ao chegar ao Rio de Janeiro para levar a cantora argentina Mercedes Sosa e os músicos americanos Edgard Winter e Alan Poe para uma série de shows no Canecão. Ainda muito jovem, o empresário gaúcho, em parceria com o sócio Cicão Chies, vislumbrava o mundo além dos pampas. Quando estudantes, eles organizavam os bailes e as festas da

16 UM SHOW EM JERUSALÉM

escola, e de lá para os clubes foi um pulo. Na sequência, passaram a fazer shows. Os maiores nomes da música nacional do início dos 1980 passaram pelas mãos deles.

Para quem estava do lado de fora, e via somente o circo armado na hora do show, tudo parecia muito simples. Mas nos bastidores, Dody e Cicão deram muitas voltas, apertaram os cintos, perderam cabelos, trabalharam duro para produzir shows monumentais com Michael Jackson, Rod Stewart, David Copperfield, Guns N'Roses, Luciano Pavarotti, Ray Charles, Donna Summer, José Carreras, Liza Minelli, Julio Iglesias. Foram 150 estrelas internacionais em mais de cinco mil shows.

Um show apenas para mulheres tendo Hebe Camargo como anfitriã. Nos bastidores já falávamos de Jerusalém.

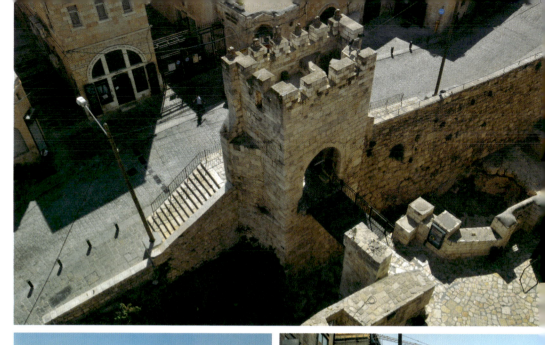

* * *

Essas lembranças iam e voltavam em minha cabeça enquanto assistia ao show no palco do Anhembi, imaginando como seria a apresentação em Jerusalém. Naquela tarde de domingo, Roberto Carlos parecia extremamente feliz ao fazer o show para uma plateia feminina, salpicada de celebridades, como Hebe Camargo, Claudia Leitte, Fafy Siqueira e Roberta Miranda.

Jerusalém surgia como uma proposta renovadora para todos. Depois de tantas celebrações dos cinquenta anos de música de Roberto Carlos, seguida por uma maravilhosa turnê pela América Latina e o México, esse desafio vinha como uma injeção de adrenalina. O lado mítico da cidade, que no curso da história foi destruída duas vezes, sitiada 23 vezes, atacada 52 vezes e capturada e recapturada 44 vezes, fascinava a todos. Jerusalém era um convite para realizarmos o melhor espetáculo de nossas vidas. A cidade santa dos judeus, cristãos e muçulmanos é repleta de significados.

As muitas faces de Jerusalém, a memória preservada nas pequenas ruelas e a modernidade da arquitetura.

PROPOSTA AMBICIOSA

Antes de conversar com Bia e comigo, Dody havia se reunido com Roberto, e eles chegaram a algumas conclusões importantes. Financeiramente, a proposta era ambiciosa, mas a conta não fechava. Fazer somente um show seria fácil, embora esse não fosse o plano. A viabilidade e a comunicação seriam baseadas no conceito do Projeto Emoções em Alto Mar, criado há sete anos, que virou referência de turismo em cruzeiros. Ou seja, criaríamos o evento e os pacotes para levar passageiros de todo o país a conhecer os caminhos sagrados de Israel e assistir ao show. Mesmo nesse formato, Dody percebeu que não conseguiria pagar as contas. A saída seria criar, então, um evento histórico, e para isso precisaria envolver parceiros. O primeiro passo era consultar a Rede Globo, que, com toda a sua complexidade e exigência no padrão de qualidade, teria que levar uma grande estrutura de profissionais e equipamentos para

O Portão de Jafa, uma das oito entradas para a Cidade Sagrada.

UM SHOW EM JERUSALÉM

o Oriente Médio e transformar tudo isso num programa especial.

Dody propôs a Roberto Carlos traçar a mesma meta de quando fizeram o primeiro show em navio: não fazer contas. Apostar que o projeto daria certo a partir da popularidade e da credibilidade do artista e ao seu poder de negociação. A intuição de Dody lhe dizia que estava iniciando um grande negócio. Fez um exercício rápido de receita e despesa: com o preço médio dos ingressos em Israel e na Europa (100/150 dólares), constatou que num local para seis mil pessoas teria uma receita de, no máximo, 700 mil dólares, que não pagaria nem a viagem da equipe, muito menos fretar avião, preparar a logística, deduzir impostos, pagar hotel, palco, som, publicidade. Uma coisa era certa: fariam o show mesmo se tivessem que investir dinheiro.

O próximo passo era montar um orçamento mais específico. Dody conhecia produtores em diversos países da Europa, mas nunca havia produzido naquela região. Precisava de alguém no local que pudesse assessorar nas questões de custos e de fornecedores de equipamentos, aluguel do espaço, leis e tributos do país. Dody procurou Jorge Pinos nos Estados Unidos. Esse produtor foi vice-presidente da William Morris, uma das maiores agências americanas de artistas; ele havia feito negócios com Israel e, recentemente, havia sido o *book agent* de uma turnê de Roberto Carlos no México, nos Estados Unidos e na América Central. Juntos, fizeram uma avaliação e uma seleção das melhores empresas em Israel

Roberto Carlos esteve em Jerusalém em 1968 mas por poucos dias, apenas para gravar cenas do filme O Diamante Cor de Rosa.

A entrada para o Muro das Lamentações, conhecido também como Muro Ocidental, considerado o local mais sagrado do judaísmo. É o que restou do Templo de Herodes. À direita, Gilce Reis, Orem Arnon, Dody Sirena, Shuki Weis, Jayme Barzelai e Jorge Pinos, na primeira reunião no Sultan's Pool.

e chegaram à Shuki Productions, de Shuki Weiss, responsável pelos shows dos maiores artistas internacionais no país. Depois de muitas conversas por telefone, a empresa foi contratada.

O local escolhido, Sultan´s Pool, funciona somente durante o verão – junho a setembro – e assim mesmo em poucos dias, com uma agenda muito disputada. Estabelecer uma data era fundamental para prosseguir com o projeto. Não é usual artistas brasileiros fazerem shows naquele local, e o produtor israelense conseguiu abrir a agenda e reservar datas para junho e setembro. A primeira intenção era gravar o especial de fim de ano naquele local, mas logo Dody se deparou com as adversidades do tempo. Seria inviável gravar em dezembro por causa do inverno, mas não fazia sentido gravar um show em junho para exibir no Natal. Dody achou que a Globo poderia não aceitar exibir dois programas de Roberto Carlos no mesmo ano em função de custos, que superariam o orçamento estabelecido. Isso significava que teriam que buscar verbas não previstas, e apesar de Érico Magalhães (diretor da Central Globo de Pesquisas e Recursos Humanos) ter achado o projeto maravilhoso, Dody pressentia que haveria dificuldades. Seguindo a primeira conversa com Roberto Carlos, Dody foi ainda mais longe: faria o show mesmo que a Globo não quisesse produzir um especial.

* * *

Estávamos cientes de que não iríamos apenas realizar um show ou um evento em Jerusalém, mas fazer o mais ousado de todos os nossos projetos. Lançar Emoções em Alto Mar, em junho de 2004, também não foi fácil. Demorou um pouco até que as pessoas entendessem que fora fretado um transatlântico, e essa viagem oferecia a oportunidade aos passageiros de estar alguns dias com Roberto Carlos e de assistir a um show exclu-

A home page do site criado para o projeto e o cartaz em hebraico anunciando o show.

sivo. A excelente relação entre Roberto Carlos e Dody Sirena já estava selada formalmente em uma sociedade, a empresa Amizade – nome sugerido pelo artista para celebrar o perfeito encontro –, que passaria a gerir a operação.

Começamos a desenvolver o projeto para Jerusalém baseado no projeto Emoções em Alto Mar. Assim como no navio temos a parceria com uma companhia marítima, para Israel teríamos que encontrar um produtor que nos auxiliasse na caminhada pela terra santa. Alguém que tivesse um portfólio de bons trabalhos na área de shows, falasse a língua, soubesse dos costumes e entendesse todo o sistema de promoção e divulgação local, venda de ingressos, montagem de palco e tudo que se precisa para fazer um grande show. Para afinarmos a comunicação sobre o projeto que estava "nascendo" surgiu o primeiro texto-base.

Roberto Carlos em Jerusalém

Um encontro da música com a fé, um mergulho na história da humanidade num cenário com mais de três mil anos. Esse é o novo projeto do artista Roberto Carlos numa viagem pelos lugares sagrados de Israel durante uma semana, culminando com o show no anfiteatro do Sultan's Pool, em Jerusalém, um palco épico onde se apresentaram artistas como Sting e Bob Dylan e acontecem concertos de música erudita e encenação de grandes óperas.

A cidade do show, segundo a tradição cristã local onde Jesus foi crucificado, é árabe e judaica. Um local perfeito para o

Na noite de 6 de setembro, o ensaio para o grande show. Foram meses preparando o repertório, os arranjos, as versões das músicas para o italiano e o espanhol, a parceria com os músicos israelenses.

O REI NA TERRA SANTA

Jerusalém reconstruída em cenário com sua história de 4 milênios. Foi Davi quem fez dela a capital do Reino Unido de Israel e Judá.

encontro do homem com a religião, uma proposta que se integra ao projeto numa reflexão de todas as crenças.

O Sultan´s Pool (Piscina do Sultão) é um anfiteatro no vale do Hinnon, ao lado da torre de Davi, próxima ao monte Sião, local da Santa Ceia, junto às muralhas da Cidade Velha. Assim chamada por ter em seu passado uma piscina que no tempo dos romanos abastecia de água Jerusalém, distribuída através de aquedutos e construída no tempo de Herodes.

Além do grande show de Roberto Carlos com repertório exclusivo, haverá tour por Nazaré, na região da Galileia, e visita à basílica da Anunciação e ao mar Morto, o ponto mais baixo da Terra, 400 metros abaixo do nível do mar, conhecido assim por sua salinidade e suas propriedades terapêuticas, e por outros locais turísticos.

Nossa proposta era levar dois mil brasileiros com um esquema muito próximo ao do navio, apesar de que iríamos de avião. Uma noite voando para chegar lá, outra para voltar, cinco dias em hotel em Jerusalém, três dias de passeios pelos lugares sagrados e um belíssimo show. Soava muito bem e não fugia aos conceitos dos habituais pacotes de turismo.

No dia 12 de fevereiro, quando embarcamos no navio Costa Serena com 3.500 passageiros no projeto Emoções em Alto Mar, queríamos testar a nossa proposta para Jerusalém. Estrategicamente era perfeito por estarmos em território de amigos e admiradores de Roberto Carlos e poderíamos sentir mais de perto as impressões desse projeto. A Nestlé, por meio de seu presidente, Ivan Zurita, e seu vice-presidente de marketing, Izael Sinem, e a Credicard, com seu presidente Leonel Andrade, patrocinadores dos shows de Roberto, receberam com entusiasmo a proposta de uma parceria em terra distante. Fariam ações de relacionamento com clientes. Com o aval de empresas internacionais, tínhamos o sentimento de que estávamos indo bem.

Na semana que antecedeu o carnaval, Dody voltou a Jerusalém para encontros com autoridades, fornecedores e o produtor Shuki. Haviam surgido fatos novos. Soubemos que no mesmo período previsto para a nossa viagem aconteceria um congresso em Jerusalém com líderes mundiais e consequente ocupação da rede hoteleira e reservas em companhias aéreas. Para fechar a conta, a TV Globo precisava ir a campo para buscar

O REI NA TERRA SANTA   31

anunciantes, e Dody viajou acompanhado de Genival Barros, gerente técnico de RC, Gilce Reis e Esnair Neto, da nossa equipe de turismo, inclinado a fazer o show em junho, aproveitando o feriado de Corpus Christi.

Logo no primeiro dia, Dody foi convencido de que não teria chances de realizar o show em junho, porque no período do feriado de Corpus Christi a cidade é tomada por peregrinos de diversas partes do mundo. O melhor seria em setembro, com o clima ameno, depois das férias europeias. Nessa viagem, como a Globo já se mostrava muito interessada em participar do projeto, enviou André Dias (diretor de Negociações Especiais) para conhecer a região.

Foram poucos dias, mas de enorme importância. Pela primeira vez Dody entrou no Sultan's Pool. Estudaram as plantas do local, fizeram uma análise sobre os fornecedores de luz e som, e o que poderiam oferecer ao evento. Apesar de o projeto prever a viagem da equipe de brasileiros, seriam necessários muitos profissionais israelenses em outras áreas. Na segunda noite em Jerusalém, Dody concluiu que a mudança da data era definitiva e telefonou para Roberto. Ele revela que, a princípio, Roberto se preocupou com o conflito de datas para a gravação do disco. Estava programado para colocar a voz no disco com músicas inéditas em setembro, como Roberto costuma fazer há muitos anos – quase uma tradição. Dody previa que, para um show dessa magnitude, Roberto necessitaria de um tempo para preparar o repertório, fazer ensaios, e não ficar menos que dez dias em Jerusalém.

O Muro tem 48m de comprimento, sendo que 2/3 são utilizados para as preces masculinas e o restante para as mulheres. Há gente rezando a qualquer hora do dia e da noite.

Sob um sol escaldante, Roberto Carlos admirou o Parque Arqueológico, com muitos anos de história ao seu redor.

Depois de levantar todas as questões, e Roberto Carlos ter dado ok, Dody teve consciência de que seria um grande desafio. Havia produzido shows em muitos países da América do Sul, nos Estados Unidos, na Espanha, no México, em Portugal, em Angola, mas nada se comparava ao Oriente Médio. Podia parecer uma grande loucura, mas ele não tinha medo. Sabia o quanto seria difícil, mas tanto ele quanto o cantor acreditavam no sucesso.

A volta ao Rio foi a tempo de acompanhar outra grande operação que envolvia Roberto Carlos ser homenageado no enredo da Beija-Flor. A escola de samba contou a vida do artista no sambódromo do Rio de Ja-

neiro e foi a vencedora do carnaval. Para quem tem um olhar místico, e acredita na sutileza das mensagens do universo, como dizem os árabes, *maktub* (estava escrito). Os sinais eram interessantes e convergentes. Por mais profano que possam parecer um show na praia na noite de Natal e um desfile de carnaval, esses dois momentos "coincidentemente" traziam uma forte ligação do cantor com a fé. Comemoramos em grande estilo o nascimento do filho de Deus, e no carnaval Roberto desfilou num carro cercado de anjos, com a imagem de Jesus em suas costas protegendo seus caminhos.

A Rede Globo recebeu o relatório de André Dias e se interessou ainda mais pelo show em Jerusalém. Antes mesmo da viagem, alguns diretores já estavam entusiasmados e, depois de algumas reuniões, tiveram o aval de Octávio Florisbal (diretor-geral). Jayme Monjardim foi convidado a dirigir o projeto e ficou empolgado com esse desafio. Sua admiração por Roberto Carlos vem de longa data, e ele conhece bastante Jerusalém.

O belo Domo da Pedra (à esq.) e a tumba do profeta Zacarias (acima).

QUEM É QUEM

A DC Set é uma empresa que atua há mais de trinta anos no mercado de entretenimento, show business, esporte e eventos corporativos. Há quase vinte anos Dody Sirena, seu diretor-presidente, administra a carreira de Roberto Carlos. Somos duas equipes que atuam como uma única célula. O segmento RC é formado por técnicos, músicos, profissionais que acompanham o artista, e o núcleo DC Set é responsável pela produção dos shows, pela organização de turnês, por contratos, pela comercialização de patrocínios, pela mídia, pela assessoria de imprensa dos eventos e pelo marketing estratégico dos projetos e do artista.

Qualquer assunto referente a Roberto Carlos é tratado com excelência. Isso não se refere ao fato de a mídia e o público o chamarem de rei, mas pelo respeito com que ele conduz a sua carreira. Em abril de 2010, quando recebeu do presidente da gravadora Sony Music, em Nova

Com André Colling, técnico de monitor, durante o ensaio no Sultan´s Pool.

York, um quadro com o marco de mais de 100 milhões de produtos (discos, CDs, DVDs, blue-rays) vendidos em todo o mundo, teve em mãos o registro da qualidade de sua trajetória. Sempre nos referimos a Roberto como "um artista à frente de seu tempo", e isso é real. Desde o pioneirismo em gravar um disco com equipamentos eletrônicos no início dos anos 1960, até defender a ecologia num tempo em que a preservação do planeta ainda

não era moda, levar a classe média ao motel convidando para "um café pra nós dois", falar do patriotismo verde-amarelo em tempos pós-ditadura e propagar a sua fé em uma série de canções, não se importando com o patrulhamento ideológico, é um homem fiel às suas convicções.

A equipe do artista está junta há muitos anos. A começar por Dedé, percussionista há 49 anos; Wanderley, pianista desde 1967; Genival Barros, diretor-técnico há 44 anos; Carminha, a dedicada secretária já há 35 anos; Neide de Paula, cabeleireira e maquiadora há 31 anos; Eduardo Lages, maestro há 33 anos. Eu não trabalho diretamente para Roberto Carlos, mas para a DC Set. Entretanto, conheço-o desde os tempos da Bloch Editores, das revistas *Manchete* e *Amiga*, onde fui repórter e o entrevistei algumas vezes.

A relação entre Dody Sirena e Roberto Carlos começou nos anos 1980, quando a DC Set realizou a produção de alguns shows do artista no Sul. Dez anos depois, Dody propôs uma grande turnê pelas principais cidades do Rio Grande do Sul e de Santa Catarina. Naqueles tempos, Roberto fazia shows somente nas capitais, e os gaúchos vinham com uma oferta tentadora de participação nos lucros em toda a turnê.

Tudo isso acontecia ao mesmo tempo em que a DC Set realizava 80% dos shows dos grandes artistas internacionais no país e estava no meio da turbulência da turnê do Guns N'Roses, com o vocalista Axl Rose jogando uma cadeira pela janela do hotel em cima dos jornalistas. O assunto virou caso de polícia, queriam levar Axl para depoimento na delegacia. Não bastasse isso, uma chuva fenomenal provocou enchente e transbordamento do rio Tietê, algo que levou ao cancelamento do show do Guns em São Paulo e mudou a data de estreia no Rio. Foi nesse clima que Suzana Lamounier, na época produtora de Roberto, telefonou para Dody convidando-o para uma conversa sobre a turnê no Sul. Roberto Carlos queria saber mais sobre o assunto, até porque nunca havia se encontrado com Dody, mesmo nas turnês produzidas no Sul.

A primeira vez que Dody viu Roberto foi num show do artista na praia de Tramandaí (no Rio Grande do Sul) para atender a um desejo da então namorada, Fernanda, com quem se casaria depois. Com pouquíssimo dinheiro, tinha com o sócio Cicão uma pequena empresa de bailes, em que a força era música norte-americana, discoteca, John Travolta na onda dos embalos. A música de Roberto Carlos nem passava pelas *pick-ups* dos bailinhos, mas, para agradar à namorada e por acreditar que estar num show romântico daria mais força à relação, Dody investiu. Juntou todo o dinheiro e comprou ingressos caros, nas primeiras filas. Ficou impressionado com Roberto. Passaram-se mais de dez anos e Dody se tornara um empresário bem-sucedido. Nesse contexto, foi ao encontro do cantor em seu escritório na alameda Santos, em São Paulo.

Marcada para as duas horas da tarde, a conversa, que deveria ter durado alguns minutos, durou horas. Anoiteceu e continuaram conversando. Como resultado dessa

conversa, o cantor e o empresário ficaram mais próximos. Dody não tinha interesse em ser empresário de artista, mas no final de treze shows pelo Sul, de enorme sucesso e de alta rentabilidade para ambas as partes, continuou sendo consultado para outras propostas que chegavam, até que um dia Roberto Carlos o convidou para que fosse seu empresário. Honrado com o convite, Dody propôs como acordo um prazo de experiência de um ano, para que ambos pudessem sentir como os negócios se desenvolveriam. Quase vinte anos se passaram.

Dody Sirena e o diretor Jayme Monjardim em uma das muitas reuniões para a construção do espetáculo.

* * *

Impossível não se encantar com um projeto que vai ser realizado num local chamado Sultan´s Pool. É como

O REI NA TERRA SANTA   41

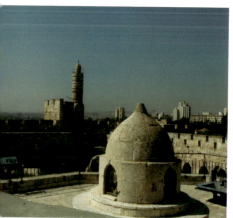 

O local onde hoje é o anfiteatro Sultan's Pool, no tempo de Herodes fazia parte do sistema de abastecimento de água de Jerusalém através de um aqueduto que ainda está no local.

participar das mil e uma noites, viver um conto árabe, ver um oásis no meio do deserto na fuga de Moisés do Egito. Para pensar nesse espaço, fui rever a história de Jerusalém. O fascinante em trabalhar com projetos especiais é a oportunidade de ir além do palco e dos bastidores para conhecer culturas e civilizações. Falamos sobre uma cidade que, segundo a tradição judaica, foi fundada por Shem (filho de Noé) e Ever (bisneto de Shem), antepassados de Abraão. Jerusalém tem uma história de quatro milênios antes de Cristo até ser conquistada por Davi, que fez dela a capital do Reino Unido de Israel e Judá. Davi reinou até 970 a. C. e foi sucedido por seu filho Salomão, que construiu o Templo Sagrado. No tempo de Herodes, o local onde hoje está o mágico anfiteatro Sultan's Pool era parte do sistema de abastecimento de água de Jerusalém, que foi construído a partir de um aqueduto e ainda está de pé. Essa água vinha das piscinas de Salomão, próximas a Belém, e era

coletada de nascentes no decorrer de um caminho de 23 quilômetros. Em um período mais recente, quando do domínio turco-otomano (1517-1917), surgiu a piscina para os sultões se banharem no vale do Hinom, do lado oeste das muralhas da Cidade Velha. A piscina era um grande reservatório de água (67 m x 169 m x 12 m) coletada das chuvas.

IMAGENS SAGRADAS

No final de abril, as emissoras da Rede Globo começaram a veicular os anúncios para o show. Com imagens de Jerusalém e dos locais sagrados intercaladas com cenas de Roberto cantando, o comercial ficou lindo, bem de acordo com a proposta do evento. Os telefones da central de atendimento não paravam de tocar. Alguns passageiros acostumados com o cruzeiro achavam que a viagem era de navio!!! Ao nomear como Projeto Emoções em Jerusalém, jamais imaginávamos que pudesse criar conflito com Emoções em Alto Mar, mas a essa altura não podíamos fazer mudanças estruturais na marca. Tivemos uma grande procura, até que, em abril, um passageiro pediu o cancelamento da reserva, temeroso pelos acontecimentos no Oriente Médio. Como estamos tão distantes daquela civilização, o que ecoa por aqui são notícias de guerra. Qualquer conflito que acontece na região logo é associado a Israel. Passamos, então,

Na Cidade Sagrada sempre se encontra portas abertas de sinagogas, mesquitas e igrejas.

a acompanhar o movimento das vendas com as notícias de política internacional, rezando a todos os deuses para que mais nenhum ônibus explodisse em Jerusalém.

Estávamos cercados de grandes profissionais. O inglês Patrick Woodroffe, considerado um dos maiores *lighting* designers de espetáculos do mundo, foi contratado para dar um clima de magia ao cenário, que começava a ser preparado por uma premiada cenógrafa inglesa. Mas, para surpresa de todos, a cenógrafa da Globo, May Martins, trocando ideias com Monjardim, apresentou uma proposta incrível. Patrick veio de Londres para uma reunião e ficou extasiado com o projeto da brasileira. Dody comentou que em todos os grandes projetos que envolvem o cantor, primeiro as ideias

Cláudia Schembri no parque onde está o Domo da Rocha: mais de 8 mil fotos nesta viagem.

são desenvolvidas, depois se pensa nos profissionais, montam-se as propostas para só então chegar à apresentação. Houve três longas reuniões com Monjardim para que os detalhes fossem acertados, porque, como diz Dody, é difícil alguém conhecer Roberto Carlos rapidamente – os diretores sempre querem propor inovações e há um limite para ousadias. A proposta era fazer um show histórico, internacional, que falasse a todos os povos. Por isso, Dody sugeriu cantar em cinco idiomas: português, espanhol, inglês, italiano e hebraico.

No primeiro encontro de Roberto para acertar os detalhes do projeto, Dody propôs que a conversa acontecesse em dois tempos: primeiro, Roberto veria como a Globo estava envolvida no evento e que áreas participariam. Érico Magalhães, Eduardo Figueira (diretor da Central Globo de Produções) e Roberto Barreira (diretor de Planejamento e Controle de Produção) falaram do compromisso, da responsabilidade e de suas pretensões de realizar o maior show no exterior. Mostraram a linha de comunicação durante trinta dias envolvendo jornalismo e transmissão do show. Na reunião artística, Jayme Monjardim impressionou a todos com uma apresentação de altíssimo nível. Mostrou a maquete do cenário e o show detalhado: dos textos do apresentador aos ângulos de captação de imagens. Roberto Carlos fez algumas considerações em relação às músicas, aos apresentadores e aos locais de gravação de externas que achava necessários. Quando todos saíram, Dody perguntou se havia alguma coisa que Roberto gostaria de

mudar e que não tinha se sentido à vontade de dizer. Ele respondeu: "Nada, está tudo perfeito".

Soldados israelenses guardam o acesso para o Domo da Rocha, local onde é permitida a entrada apenas de árabes e turistas.

* * *

No início de fevereiro, antes do anúncio à imprensa, enviamos alguns e-mails para autoridades informando sobre o evento, e entre eles estava o da Embaixada do Brasil em Israel. Nada pedíamos, só compartilhávamos o orgulho, como brasileiros, de estarmos chegando lá com uma proposta inovadora. Não obtivemos resposta. Em junho, Jayme Monjardim e uma equipe da Globo viajaram para fazer o reconhecimento do local do show, analisar as facilidades e dificuldades dali, e estiveram com a representante da embaixada, o que gerou o seguinte e-mail para Dody:

"Caro Dody,

Queria colocar esta embaixada à disposição para a preparação do show que Roberto Carlos fará em Jerusalém em setembro. A expectativa aqui é grande e tem agitado a comunidade brasileira.

Tive excelente encontro com Jayme Monjardim e Cláudio Dager, que estiveram aqui alguns meses atrás em visita preliminar. Fomos contactados também pela produção israelense, e agora falta somente uma aproximação com a produção brasileira.

Dado o enfoque do show na paz, acho importante falarmos sobre o conflito no Oriente Médio, além de aspectos logísticos.

Todas as tribos convivem em paz como se não existissem os muros que dividem Israel da Palestina.

Pediria um retorno seu, neste endereço eletrônico, ou por telefone na embaixada. Segue cópia para os dois colegas aqui da embaixada que estão tratando do tema, o conselheiro Eduardo Uziel e o secretário Gustavo de Sá.

Um abraço,

Maria Elisa Berenguer."

Em junho, conversei pelo telefone com a embaixadora Maria Elisa Berenguer. Senti-me acolhida ao saber que o pessoal da embaixada estava cuidando de nós sem ao menos sabermos. Mas Maria Elisa nos falou que estava preocupada com a notícia de que Roberto Carlos cantaria "Jerusalém de Ouro", praticamente um hino de Israel. E, apesar do Sultan´s Pool estar em Jerusalém, toda a área histórica – Muro das Lamentações, Santo Sepulcro, Via Sacra – está em território palestino.

A proposta desse evento foi levar o sentimento cristão no sentido laico da palavra: irmanar, dar as mãos,

pacificar. "Yerushalayim Shel Zahav" ou melhor, "Jerusalém de Ouro", de autoria de Naomi Shemer, foi tocada pela primeira vez em Israel no Festival HaZemer Haivri, em maio de 1967, e composta cerca de três semanas antes da unificação de Jerusalém. Depois da unificação foram acrescidas as duas últimas estrofes, que deram o tom político à canção.

Dody pediu que eu encaminhasse o assunto ao maestro Eduardo Lages, que também havia recebido informação sobre a canção e sua implicação política. Na sequência da conversa com a embaixadora, procurei a representante do Brasil na Palestina, a embaixadora Ligia Maria Scherer. O Brasil reconheceu o Estado da Palestina em 2010. Tecnicamente, as Nações Unidas não reconhecem Estados, apenas podem ou não admiti-los como membros da Organização. Palestina (do original Filistina, Terra dos Filisteus) é o nome dado desde a Antiguidade à localidade ao sul do Líbano e a nordeste da península do Sinai, entre o mar Mediterrâneo e o vale do rio Jordão. Por ser um corredor natural para os antigos exércitos, a Palestina foi muito disputada. Depois de séculos de guerras, algumas vezes árabes e judeus unidos, outras vezes brigando, a Palestina, em pleno século XXI, é um miolo no meio de Jerusalém, um Estado dentro de outro.

A embaixadora Ligia Maria Scherer já tinha ouvido falar que Roberto Carlos cantaria em hebraico e sugeriu que fosse incluída uma canção em árabe. Meu Jesus, como a essa altura, faltando 45 dias para o show, o cantor iria ensaiar uma música em árabe? Levei o assunto à consideração do maestro. Ele estava muito envolvido com a música em hebraico, mas foi receptivo e até comentou que Roberto gosta de música árabe, a questão era saber qual canção.

Alguns dias depois chegou da Embaixada do Brasil na Palestina a sugestão de "Aghani Aghani" (Sons Sons), uma música linda que foi gravada por Dalida, artista nascida no Egito que fez muito sucesso nos anos 1960/70 na Europa cantando em francês. Apesar de lin-

O olhar distante de Roberto Carlos no deserto da Judeia.

da, a música não agradou, porque tinha um estilo muito "discoteca". Em uma pesquisa sobre a obra de Dalida, o maestro trouxe outra sugestão, "Helwa ya baladi", mas não tínhamos ideia se era uma canção popular nem o que a letra dizia. Consultei Amale Chaim Abou Jock, uma amiga libanesa, que confirmou ser uma música de grande sucesso e ter uma letra sobre o amor pelo país. "Lindo o meu país", diz a canção. Para validar o assunto, pedi mais uma vez ajuda à embaixadora Ligia Maria e no dia seguinte chegava o seguinte e-mail:

"Sobre a canção mencionada pelo maestro, pensamos também em sugeri-la. É bonita e efetivamente muito apreciada no mundo árabe, na Palestina inclusive. Entretanto, ao examinarmos a tradução da letra em inglês, vimos que a sua temática – meu país (baladi) – poderia ter conotação política, que seria melhor evitar. A música alude à saudade da pátria, ao sentimento de distanciamento do seu país. E esse sentimento remete à situação dos refugiados palestinos, que somam hoje quase cinco milhões, vivendo em campos de refugiados na Cisjordânia, em Gaza e nos países árabes vizinhos – Líbano, Jordânia, Síria. O tema dos refugiados é muito sensível para os dois lados, Israel e Palestina.

Por isso, resolvemos não sugeri-la (apesar de sua beleza e popularidade)".

Estava criado o impasse. Mas como Mariangela (Correa), diretora de produção, viajaria com Andrea (Orsovay), produtora, no dia seguinte para Israel a fim de se reunir com a equipe da TV Globo, Shuki Weis e as embaixadoras da Palestina e de Israel, colocamos esse assunto na pauta.

O encontro na Embaixada do Brasil em Tel Aviv quase gerou um sério problema diplomático. Mariangela e Andrea comentaram que iam sugerir ao público que fosse ao show vestido de azul e branco, as cores preferidas de Roberto Carlos, mas o cuidado do corpo diplomático era tal que temia-se que os árabes pensassem se tratar de uma homenagem a Israel, por serem as cores da bandeira do país. Diante da insistência sobre a música, Dody resolveu levar a questão à direção da Globo. E definiu que, enquanto não se tivesse certeza de que é certo ou errado cantar nesses dois idiomas, o cantor continuaria ensaiando. Mesmo em caso de dúvida, a proposta era manter as músicas no show até que houvesse uma posição mais clara sobre o assunto.

* * *

Como o projeto era um concerto ecumênico e de paz, recebemos o convite para um encontro de Roberto Carlos com o presidente Shimon Peres, Prêmio Nobel da Paz

O presidente Shimon Peres é uma pessoa que jamais irei esquecer. Não apenas pela sua obra, mas pela sua delicadeza e simpatia.

em 1994, em seu centro de estudos em Tel Aviv. Com quase 88 anos, Peres é a figura política mais expressiva de Israel no mundo. Foi primeiro-ministro por duas vezes, presidente e fundador do Partido Trabalhista Israelense em 1968. Por seu empenho em buscar uma forma de acabar com o conflito entre palestinos e israelenses, recebeu, em 1993, junto com outro israelense, Yitzhak Rabin, então primeiro-ministro de Israel, e Yasser Arafat, presidente da OLP (Organização para a Libertação da Palestina), o Prêmio Nobel da Paz.

Tive o privilégio de assistir a Shimon Peres e Yasser Arafat assinarem um acordo de paz israelense-palestino sobre Gaza, em 1994, no Fórum de Davos, na Suíça. Eu estava na plateia representando o prefeito do Rio de Janeiro, César Maia, ao lado do ex-ministro Marcílio Marques Moreira. Uma cena inesquecível que passa na minha cabeça e ainda me emociona:

Cena 1: no grande auditório do Fórum Econômico Mundial, Peres, de um lado do palco, e Arafat, do outro, olham para a plateia.

Cena 2: Peres e Arafat se entreolham e caminham lentamente para o centro do palco.

Cena 3: Peres e Arafat apertam as mãos.

Cena 4: A plateia se levanta, aplaude e delira.

Como no final de uma ópera épica, ou de um filme de amor, os aplausos são efusivos depois do encontro magistral. Eu chorei. Mesmo sem ter raízes árabes ou israelenses, fiquei honrada em ser testemunha de um momento tão importante para o Oriente Médio.

A ENTREVISTA

A lém da diferença de seis horas em relação ao Brasil, ficamos com um dia a menos na semana. Às sextas-feiras, no *shabat*, nada funciona em Israel. O *shabat* é o dia de descanso semanal dos judeus. Para eles, esse período se estende do pôr do sol da sexta-feira até o do sábado. Praticamente desapareceu o nosso dia de descanso, os domingos, quando os e-mails chegavam à profusão e o telefone tocava como se fosse segunda-feira.

Da equipe de Israel, Nidar Oz, assessora de imprensa, e Orem Barshavisky, responsável pela promoção do show em Jerusalém, da equipe de Shuki e profissionais muito experientes em eventos, tiveram um encontro com Mariangela e Andrea e comentaram como estavam encantados com a grandiosidade do projeto, jamais visto em Israel. Eles queriam levar esse fato à grande imprensa. Mas encontravam uma barreira, porque não são muitos os israelenses na mídia que conhecem Ro-

Do outro lado do Vale Kelt está o Mosteiro de São Jorge, uma construção que quase se perdeu no deserto.

berto Carlos. Os latinos estavam desesperados atrás de ingressos, mas se a nossa proposta era fazer um show histórico, teríamos de expandir informações por todo o país, e para isso nada melhor que o jornal *Yedioth Ahronoth*. Essa publicação, que surgiu nos anos 1930, vende setecentos mil exemplares nos finais de semana e 350 mil durante a semana.

O *Yedioth Ahronoth* mostrou-se interessado em enviar um jornalista, Nevo Ziv, para entrevistar Roberto Carlos. Preparamos uma agenda que incluísse uma visita ao Projac, os estúdios da Rede Globo, no Rio de Janeiro. Era importante o repórter conhecer a emissora que iria gravar o show e a importância dela na televisão mundial.

No segundo dia, Nevo tomou um café com Alexandre Schiavo, presidente da Sony Music. Depois fomos à Urca, bairro onde mora Roberto Carlos, para a tão esperada entrevista.

Esperamos alguns minutos na sala enquanto conversávamos com Luciana Brasil, assessora do cantor, que contou sobre a casa datada de 1926 e que havia pertencido a uma tradicional família carioca do ramo cafeeiro. Há quinze anos, a casa foi colocada à venda e Roberto a comprou. Manteve a arquitetura original, as sancas no teto, o enorme lustre de murano, as grandes vidraças, a imponente escadaria na entrada. Nevo ficou ainda mais extasiado quando viu o cantor chegar dirigindo seu carro, um Audi R8 vermelho conversível. A entrevista a seguir descreve tudo que aconteceu naquele dia.

Nevo Ziv – Estou no Brasil há trinta horas, fui conhecer a TV Globo, conversei com Alexandre na Sony e tenho o sentimento de que esse concerto em Jerusalém será muito importante para todos. Por que é tão importante para você?

Roberto Carlos – Por muitas razões, mas é importante artística e profissionalmente. Importante cantar em Israel e fazer um show diferente. Por ser em Jerusalém é uma emoção muito grande.

A reportagem no jornal Yedioth Ahronoth revelou Roberto Carlos aos israelenses.

NV – Estou tentando entender o que é Jerusalém para os brasileiros. O que é Jerusalém para você?

RC – Jerusalém, para mim e para todos os brasileiros, tem importância por ser a terra de Jesus, por tudo que aconteceu ali. É uma cidade importante porque sabemos que Jesus viveu lá.

NZ - Você é católico, certo?
RC – Sim.

NZ – Você é religioso?
RC – Sou religioso.

NZ – Como é a sua vida religiosa? Você vai à igreja?
RC – Às vezes vou à missa, mas não todos os domingos. Escrevi algumas canções sobre Jesus Cristo, usando temas religiosos. Fiz uma música para Nossa Senhora.

NZ – O que você planeja fazer em Israel? Ficará muitos dias, vai se encontrar com Shimon Peres?
RC – Sim, vou ter um encontro com ele.

NZ – Ele também escreve música...
RC – Não sabia. Vou ficar dez dias, porque além dos shows tenho algumas gravações para inserir no show

O encontro de Roberto Carlos com o Padre Bernard em uma das capelas existentes na Basílica do Santo Sepulcro.

da TV. Visitarei lugares como o Muro das Lamentações, o Santo Sepulcro, a catedral. Também irei à Via Dolorosa e a outros locais. Acho que vai ser um show muito bonito, e essas imagens vão enriquecê-lo.

NZ – Nos últimos anos você não deu entrevistas a um único repórter. Tantas pessoas no Brasil querem entrevistar você, por que fui essa pessoa de sorte?
RC – Todo ano dou uma entrevista coletiva no navio para muitos jornalistas e, de modo geral, isso deixa as pessoas mais ou menos satisfeitas. Algumas curiosidades são reveladas ali.

NZ – Por que eu? Sei que os jornalistas não têm uma relação tão pessoal com você numa entrevista como essa.
RC – Pela importância desse acontecimento.

NZ – Tenho lido muito sobre você nos últimos dias. Você é um homem bem-sucedido. Que lição sobre a vida você me daria?
RC – Não parar de aprender. Estar sempre aprendendo com todo tipo de pessoa que você vê, com tudo aquilo

que vivencia. Fazer as coisas do modo certo, tratar sempre de realizar os sonhos.

NZ – Você tem sonhos?
RC – Sim, tenho muitos. Já realizei alguns, mas logicamente ainda tenho sonhos.

NZ – E qual você ainda não realizou?
RC – Tenho o sonho de ainda fazer uma canção de amor que diga mais, que fale melhor, do que as canções de amor que já fiz.

NZ – Vamos falar de amor, você é um expert nesse assunto.
RC – O amor é a coisa mais importante da vida.

NZ – Por quê?
RC – Porque o amor alimenta, alimenta o sonho, contribui para muitas coisas; contribui para a felicidade, principalmente quando se tem um grande amor. Ele é a base de tudo. O amor [deve ser visto] em todos os sentidos – as pessoas, a vida e, principalmente, amar aos outros como a si mesmo.

NZ – Você é católico, foi casado três vezes. Não conheço bem a religião católica, mas sei que os casamentos são para toda a vida. Como você conseguiu casar três vezes?
RC – Nem sempre, na prática, a gente tem como seguir o que as religiões dizem. Casamento depende de muita coisa, de um relacionamento sempre muito bom, e

Nas ruas de Tel Aviv e Jerusalém uma grande campanha anunciando a chegada de Roberto Carlos.

Com o quipá na cabeça em respeito à tradição judaica, Roberto Carlos chegou ao Muro das Lamentações e a imprensa registrou esse encontro do artista com a fé.

muitas coisas acontecem entre um casal. Só casei uma vez na igreja.

NZ – Você gosta de carros, eu vi você dirigindo um Audi. Quantos carros você tem?

RC – Tenho esse carro, e mais cinco, mas todos têm uma utilidade. Esse é meu carro pessoal, que gosto de dirigir. Tenho carros antigos, um Cadilac 1960, um Ford 1929 que é tunado, não é original. Amo velocidade. Tenho um carro que uso com motorista, outro para atender os assuntos de casa, dois carros em São Paulo, onde tenho um apartamento e vou sempre. Pensando bem, acho que tenho oito.

NZ – Que outra velocidade fascina você? Barcos?
RC – Sim, amo o mar e adoro barcos. Tenho um.

NZ – Quais são os prazeres simples que fazem a sua cabeça relaxar?

RC – Assistir à TV, ver novelas, gosto de shows musicais e noticiários. Gosto de assistir a programas que falam da natureza, de descobertas, de assuntos científicos.

NZ – Você teve uma vida difícil e algumas tragédias. Nos tempos difíceis, o que você faz, reza? O que você pede, o que há em suas preces?

RC – Rezo, mas não só nas horas difíceis, rezo todos os dias. Peço mais para os amigos, parentes e pessoas conhecidas. Peço proteção e agradeço. Em toda oração peço alguma coisa e agradeço.

NZ – E se não funcionar?

RC – O que posso fazer?

NZ – Você reza com mais força?

RC – Não, rezo mais ou menos da mesma forma.

NZ – Os tempos difíceis de sua vida serviram de base para as suas músicas, para sua personalidade?

RC – Não, porque minhas músicas falam de tudo. A base da minha personalidade e das minhas músicas é a vida em geral.

NZ – Todas as mulheres amam você. Você pode me dar uma lição sobre mulheres? Uma boa lição, eu sou solteiro e nunca fui casado.

RC – Em primeiro lugar, tratar muito bem, com muito carinho, procurar entender e ser compreendido por elas. Quando as pessoas se amam, procuram se entender e acabam aprendendo umas com as outras. Mas é preciso prestar muita atenção...

NZ – Perguntei por mulheres e não por amor.
RC – É a mesma coisa.

NZ – Você é um homem muito famoso, mas quando está sozinho, na intimidade com uma mulher, são apenas um homem e uma mulher. É sobre isso que quero entender.
RC – Eu não sei se existe uma lição para se dar em relação às mulheres. Você precisa estar atento ao jeito como elas são e tratá-las bem, com carinho. Não há uma regra.

NZ – Muitas mulheres choram quando ouvem você. Por que choram?
RC – Emoções (risos).

Destruída 14 vezes, Jerusalém guarda sua história no que restou da arquitetura.

NZ – Essa é a sua marca?
RC – Sim. Eu choro quando as vejo chorando, elas também me provocam uma grande emoção.

NZ – Homens choram?
RC – Sim, eu já vi alguns homens chorando na plateia.

NZ – Por que eles choram?
RC – Emoções (risos).

NZ – Por que mulheres choram mais que homens?
RC – Não sei. Acho que tanto homens como mulheres choram quando alguma canção fala de alguma coisa que tem a ver com eles em particular, com a vida, com um acontecimento.

NZ – Quando cheguei, e fui colocar a mochila no chão, disseram que eu não devia...
RC – (risos).

NZ – Eu também tenho TOC, gosto de tudo paralelo, coisas arrumadas.
RC – Não deixe isso progredir.

Roberto Carlos recebeu do patriarca latino de Jerusalém, Monsenhor Fuad Twal, a condecoração da Cruz do Mérito, a mais alta comenda da Igreja Católica em Israel.

NZ – A doença afeta a sua vida, a sua música e os seus shows?
RC – Não, o TOC incomoda muito. Já melhorei bastante com terapia, mas incomoda.

NZ – Li no *New York Times* que existem palavras que você não fala nem canta.
RC – É, tem.

NZ – Você pode explicar por quê?
RC - Porque prefiro as palavras positivas.

NZ – Falemos sobre mulheres. Você tem milhares de fãs e como as suas mulheres lidam com você sabendo que tantas o desejam? E como você reage?
RC – São duas coisas diferentes. De modo geral, a mulher entende quando um homem é artista e tem esse tipo de relação com o público, é querido pelas mulheres. A mulher que casar com um artista se sentirá a única,

mesmo com todas as outras. Imagino que, às vezes, não seja fácil para elas, mas que acabem lidando bem com isso. A minha experiência foi assim.

NZ – Agora você vive sozinho, certo? Como se sente quando termina um show com um milhão de pessoas, como foi em Copacabana, e voltar para casa sozinho?
RC – Lido bem com isso. Aprendi a lidar.

NZ – Você vai cantar em hebraico?
RC – Parece que vou cantar uma canção de amor, mas não sei qual.

NZ – Você tem setenta anos?
RC – Sim. Não acredito que eu tenha...

NZ – Com que idade você se sente?
RC – Não sei com que idade me sinto, mas me sinto muito mais jovem que a idade que tenho.

NZ – Você pratica algum exercício?
RC - Faço musculação em casa, não tenho rotina. Às vezes, faço dia sim, dia não; outras vezes, faço um dia na semana. Depende de meus compromissos.

NZ – Qual o segredo de se sentir e parecer tão jovem?
RC – Não sei se existe um segredo, acho que um artista nunca se sente com a idade que tem. A arte, a música, mantém a mente sempre jovem.

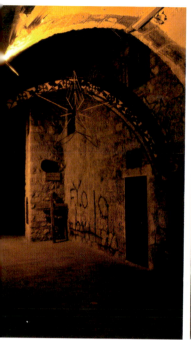

Entre as milenares oliveiras, um dos locais mais emblemáticos da caminhada de Jesus.

NZ – Você pensa no dia em que se aposentar?
RC – Não.

NZ – Por que você não pensa em se aposentar? É natural.
RC – Quando chegar a hora, e se chegar a hora, vou pensar nisso. É bom não se ocupar com essas coisas por antecipação.

NZ – Quando jovem, você pensou em ter outra carreira?
RC – Gosto muito de desenhar. Quando menino, achava que ia ter uma profissão ligada ao desenho, como engenharia, alguma coisa assim.

NZ – Pode começar uma nova carreira?
RC - Não dá (risos).

NZ – Qual o momento mais marcante em sua carreira?
RC – Foram diversos [pensativo]. O grande momento foi a Jovem Guarda; outro quando ganhei o festival de San Remo, depois quando cantei no Maracanã (em 2009).

NZ – E na sua vida pessoal?
RC – [pensativo] O nascimento dos meus filhos.

NZ – Quando você foi mais feliz?
RC – Foram os anos em que vivi com a Maria Rita, já falei disso em um show.

NZ – Você foi casado outras vezes, eu pergunto por curiosidade pessoal. Li que a Maria Rita foi o grande amor de sua vida. Como se sabe quando uma pessoa é o amor da vida?
RC – A pessoa sabe.

NZ – Você achou isso na primeira vez em que se casou ou na segunda?
RC – Não sei se pensei nisso, mas amei as mulheres com quem me casei. No terceiro casamento, eu sabia que ela era o amor da minha vida.

A entrevista acabou com um clima de reflexão coletiva. Roberto ainda fez a gentileza de mostrar o estúdio ao jornalista. Caminhando pelo jardim, passamos pelo carro, e, como é um assunto irresistível para qualquer homem, Roberto contou da velocidade que o R8 desenvolve de zero a 100 km em 3,6 segundos. Quando o jornalista perguntou se ele já havia atingido esse tempo, o cantor concordou tranquilamente com um sorriso. No estúdio, apresentou Nevo ao maestro e aos músicos que ensaiavam "Ave Maria", de Schubert, que seria executada no show.

* * *

Voltei a São Paulo para mais reuniões. Precisávamos fechar, entre outros assuntos, a lista dos jornalistas que viajariam conosco. Em todos os projetos que realizamos sempre temos alguém da imprensa entre os convidados.

Nesta segunda semana de agosto, a promoção foi para a rua com estardalhaço. Galhardetes eram vistos na estrada que une Tel Aviv a Jerusalém, outros foram colocados simetricamente em torno dos muros da Cidade Velha. Em mais dez dias teríamos doze enormes outdoors em Tel Aviv, em locais de grande movimento. Quem não conhecia ficaria sabendo que existia um artista da América do Sul que é muito querido e chamado de rei pelo povo.

Estávamos em fase de tratar da captação e conversão do show em 3D para utilizarmos depois no DVD e em algumas apresentações em cinemas do Rio e de São Paulo. Na segunda-feira, 22 de agosto, seguiram alguns equipamentos para o show. Não era muita coisa, porque som e luz já tinham sido alugados em Israel. Estava tudo pronto para o embarque quando surgiu um problema. E dos grandes. A empresa responsável por fazer o transporte internacional informou que, segundo as leis locais, não era possível levar os rádios de comunicação da equipe RC, o sistema do *earphone* do artista (o pequeno plugue que é colocado no ouvido, em que o artista ouve sua voz) e o *notebook* com o aparelho de teleprompter. Enviei um e-mail solicitando uma sugestão para resolver essa questão ao cônsul-geral de Israel em São Paulo, Ilan Sztulman, com quem me reunira, junto com Suzana, há alguns meses. Ele iria consultar o governo sobre como proceder, porque naquela região não era recomendado nem sobrevoar de helicóptero, o que dizer entrar com um sistema de comunicação em outra frequência que não a deles. A resposta não foi das mais animadoras:

"Recebi resposta que o processo para receber permissão é longo e envolve permissão do Ministério de Comunicações e Defesa. Sugeriram alugar equipamento local. Não acho viável receber essa permissão com tão pouco tempo de antecedência".

Um grande pepino para descascar encaminhado à equipe de produção local.

De um lado, a mesquita, do outro, a vista da cidade de Jerusalém na saída do Muro das Lamentações.

DETALHES

—— • ——

Parecia que tudo eclodia nas últimas semanas antes da viagem. Reuniões e mais reuniões para repassar todos os itens, centenas de pequenos assuntos. Passamos horas debruçadas sobre temas específicos em busca de soluções, como o melhor lugar para os passageiros descerem dos ônibus no local do show. Pode parecer tolice, mas nada fica sem ser visto, até mesmo coisas simples. Como o anfiteatro está num parque com piso irregular de terra e algumas pedras, tínhamos que encontrar uma forma para que os passageiros ficassem mais próximos dos locais de acesso à plateia. Quem sabe até sugerir para que as mulheres usassem sapatos baixos, o que seria inaceitável às fãs de Roberto, que costumam ir aos shows vestidas de gala.

Na última grande reunião em São Paulo, em 26 de agosto, dois dias antes do embarque de primeira parte da equipe, éramos 25 profissionais, e, durante quatro

A madrugada na 9ª Estação da Via Dorolosa.

A maravilha das cores, aromas e texturas de árabes, cristãos, judeus e armênios na Cidade Sagrada.

horas, com tranquilidade, sem alterar a voz um minuto, Dody discutiu à exaustão alguns assuntos que ainda o preocupavam, como a demora na entrega dos vouchers aos passageiros, a garantia de que a equipe na área de turismo em Jerusalém estava afinada com os *tours leaders* que seguiriam do Brasil. Repassamos todo o sistema de embarque, a segurança dos passageiros, sem nos preocuparmos com o show em si, porque nesse assunto temos uma grande expertise. Estava anoitecendo quando Dody preparou uma carta para ser enviada aos 1.500 passageiros, e uma equipe virou a noite até todas serem transmitidas por e-mail, ou impressas e envelopadas para serem entregues por motoboys, sistema rápido de correio, ou todos os meios para que até segunda-feira os viajantes estivessem com ela em mãos.

"Amigos,
Shalom!
Bem-vindos à família Emoções nessa viagem a Jerusalém. Como sócio e empresário do artista Roberto Carlos e presidente da DC Set Promoções, responsável pela concepção do evento, quero compartilhar a alegria de dez meses de trabalho, quando nos preparamos para essa viagem. Mais do que uma viagem, mais do que um show, uma experiência de vida.

Artisticamente, o grande show está pronto. Tem direção de Jayme Monjardim, e Roberto Carlos está ensaiando há mais de dois meses para apresentar um repertório em português, espanhol, inglês, italiano e hebraico, fazendo dessa uma noite inesquecível.

Buscamos em Israel as melhores empresas para estarem conosco nesse projeto. Shuki Productions, responsável por megasshows como o de Madonna, é o nosso braço na estrutura do evento; e Kurt Kaufman, da Genesis Tour, uma das mais importantes operadoras de turismo, que só no ano passado recebeu dezoito mil brasileiros como receptivo.

Com a DC Set, ao lado dos meus sócios, temos uma equipe de grande experiência atendendo em diversas áreas e que está à sua disposição. Reunimos profissionais que atuam conosco vindos de diversos Estados e também dos Estados Unidos, da Espanha e da Grã-Bretanha para melhor resultado. Abaixo, a relação dos nossos profissionais que poderão ser contatados através do Hospitality Desk em todos os hotéis.

É um orgulho para a nossa organização você fazer parte dessa delegação de 1.500 brasileiros que viaja a partir do dia 3 de setembro através das empresas aéreas El Al, KLM, Iberia e Air France. Cada grupo será acompanhado de um tour leader, nosso representante direto com você durante esses dias, fluente em inglês, pronto a atender às suas dúvidas – ele segue no mesmo voo que sai de São Paulo. Um guia israelense fluente em português, inglês e hebraico se unirá a cada grupo para melhor informar durante os passeios.

A parceria com a Rede Globo, a Nestlé e a Credicard tornou viável esse projeto inédito e ousado e, sobretudo, o show que

Genival Barros, Jayme Monjardim e o Rei no ensaio.

você assistirá ao vivo com mais cinco mil pessoas, mas que será visto por mais de 120 milhões de telespectadores através da Rede Globo em todo o Brasil e transmitido pela Globo Internacional para 115 países.

É um privilégio ter um artista como Roberto Carlos com essa repercussão internacional que nos permite criar projetos em locais tão especiais. E temos certeza de que esses dias serão guardados para sempre, não apenas por nós que realizamos esse projeto, mas por você que viverá conosco essas emoções."

Um abraço,
Dody Sirena

* * *

No dia 28, a caminho de Guarulhos, fui refletindo sobre os últimos meses e me senti como uma menina fazendo a cena "me belisca que eu não acredito que estou indo a Jerusalém".

Israel, país do Oriente Médio asiático, banhado pelo Mediterrâneo, tem fronteiras ao norte com o Líbano e a Síria, a leste e ao sul com a Jordânia e o Egito. Tem um pequeno litoral voltado para o Índico, pelo golfo de Ácaba. Divide margens do mar Morto com a Jordânia. Seu nome significa, em hebraico, "venceu com (Yisra) Deus (el)". Declarada (não oficialmente) como capital de Israel, Jerusalém tem menos de oitocentos mil habitantes, e é a cidade santa dos judeus, cristãos e muçulmanos.

ARIDEZ

Enquanto o avião se aproximava do aeroporto, eu podia ver da janela o Mediterrâneo, alguns trechos com plantações e outras paisagens áridas. O país tem a mesma dimensão do estado do Espírito Santo e se desenvolveu numa área de deserto. Somos um grupo de catorze – Genival Barros, Suzana Lamounier, Neide de Paula, Maurício Contreiras, Rodrigo Vietes, Antonio Afonso, Francisco Freitas (o Barba), Thiago Bonanato e Andre Colling, da equipe Roberto Carlos. Da DC Set, Mariangela Correa, Andrea Orsovay, Décio Zitto (Macgyver), Claudia Schembri e eu.

Fora do aeroporto, o calor era de 35 graus, e os motoristas das vans nos ofereceram garrafas d'água. Íamos precisar de muitas nos próximos dias. Thiago e André foram para uma reunião com a empresa de som em Tel Aviv; Mariangela, Genival e Rodrigo seguiram para onde estava sendo confeccionado o cenário. Ape-

O Portão de Jafa é a entrada mais movimentada para a Cidade Sagrada.

sar da qualidade da mão de obra, surgiu uma questão com a tela que cobre os PAS (as caixas de som) que ficam na lateral do palco. Chegou ao Brasil a informação de que a tela ortofônica utilizada em Israel para cobrir essas caixas tinha a trama muito pequena, e como seriam plotadas (pintadas) com uma réplica do Muro das Lamentações, a trama iria ficar ainda mais fechada, e

A muralha milenar e o moderno bairro Mamilla, ambos construídos com o mesmo tipo de pedra.

o som, inaudível. Trouxeram, então, uma amostra de tela brasileira para que pudéssemos ver a diferença. Se desse certo no teste, viriam 250 metros quadrados de tela na bagagem da equipe, no dia 30, para resolver a questão.

Saímos do aeroporto Ben Gurion por volta das cinco da tarde, e nos quase setenta quilômetros de estrada até Jerusalém íamos nas janelas da van apreciando a paisagem. Eram trechos com bela vegetação, muitas oliveiras e pedras. Haja pedras. Parecia cenário dos antigos filmes que assisti quando criança, em que Jesus e os apóstolos surgiam caminhando ora no deserto, ora entre pedras nas montanhas. Foi também na estrada que deparei com algo que sabia que seria usual nos próximos dias: os quilômetros de muro separando Israel da Palestina. O primeiro que vi, tive a impressão de ser o de um presídio – que não deixa de ser. Cortando estradas, bairros, casas; separando famílias, amigos, história e geografia de mais de cinco mil anos, esses muros farão parte do cenário dessa viagem.

Entramos em Jerusalém como em qualquer cidade do Ocidente com um trânsito feérico no final do dia. Ruas arborizadas, boas casas, alguns edifícios. Chamava a atenção as construções serem feitas da mesma cor. É lei o uso das "pedras de Jerusalém", as mesmas que vi no caminho por onde "Jesus andava" nos meus velhos filmes. Extraídas das montanhas, são consideradas obras-primas da natureza e dão à cidade sagrada o brilho dourado proporcionado pelo reflexo do pôr do sol

O Monte das Oliveiras com a sua vista para Jerusalém tem este nome porque somente oliveiras são plantadas naquela região. Ninguém poderia imaginar que a cidade acabaria dividida por muros e com um forte sistema de segurança.

em suas muralhas brancas. Não há uma casa colorida e nem por isso a paisagem fica monótona.

Antes de chegar ao hotel, avistei a sagrada Cidade Velha, cercada por seus muros milenares. Em contraste com séculos de história fora dos muros, deparei com uma série de galhardetes com um belo sorriso de Roberto Carlos anunciando o show. Era final do dia, muito movimento de carros no local. As bandeiras tremulantes pareciam acenar aos transeuntes, como dizendo: "Venham, esse show você não pode perder".

Com a vantagem da diferença do fuso horário, e na certeza de que o telefone só ia tocar depois das 15 horas, quando seriam 9 horas no Brasil, aproveitei para cruzar as muralhas e conhecer um pouco da Cidade Sagrada. Com Cláudia e Neide, guiadas por um jovem fluente em português e hebraico, Gabriel Holzhacker,

entramos pelo portão de Jafa, passamos pela Torre de Davi e seguimos por uma rua sinuosa em torno da cidade até chegarmos ao Muro das Lamentações. Até aquele momento eu não tinha a sensação profunda do significado daquele lugar sagrado. Chegar ao muro foi uma escolha proposital. Recebi pedidos de diversos amigos para colocar papéis com seus nomes nas frestas, mas ao encostar as mãos sobre a pedra fria senti como se estivesse tocando a raiz do mundo e entrasse na história da humanidade.

SIMPLICIDADE

Saí cedo para Tel Aviv com Mariangela e Genival. Antes de receber no aeroporto os jornalistas que viajavam no mesmo voo que Roberto Carlos, acompanhei uma reunião de produção no escritório do Shuki Weiss. Ao chegar, constatei que se Shuki tivesse recebido Dody em sua base, com certeza não teria sido contratado. O escritório fica no subsolo de um pequeno prédio velho em Tel Aviv, a duas quadras de uma praia lindíssima. Logo na entrada há dezenas de caixas, pôsteres, restos de produção, um pequeno labirinto de mesas e armários, muita gente passando de um lado para o outro falando em hebraico, vestidas de forma despojada, algumas bermudas e sandálias havaianas. Estamos acostumados com escritórios de produção um pouco mais charmosos, e no final do labirinto encontramos Shuki. Um homem baixo, simpaticão, nos aguardando na entrada de sua sala sem janela, somente com luz ar-

Uma das ruelas, becos, pequenos caminhos que levam aos bairros dentro da Cidade Sagrada.

Apesar do clima árido, quase sem chuva, ainda cresce alguma vegetação no local.

tificial, ar-condicionado e um cinzeiro repleto de pontas de cigarros. Sentamos em volta de uma mesa baixa com um tampo de pedra tosca e irregular. Procurei um lugar para apoiar a xícara de café, mas o tampo com altos e baixos se misturava a uma coleção de pedras menores, vindas de muitas viagens. Shuki é uma figuraça, e a nossa equipe se juntaria à dele, a mais outra da TV Globo, às de outros fornecedores, e seríamos em torno de quinhentos profissionais. Conversamos em inglês, mas aconteciam papos paralelos em hebraico e português. Tentava imaginar o que estariam falando, pedindo a Deus que não estivessem nos passando para trás, e que tudo corresse bem. Até onde confiar integralmente o sucesso de nosso projeto nas mãos de quem não conhecemos?

Em uma reunião ainda em São Paulo, havíamos falado sobre a possibilidade de um encontro entre Roberto Carlos e o presidente Shimon Peres. A agenda foi marcada para o dia seguinte, não mais no The Peres Center for Peace, em Tel Aviv, mas na residência oficial do presidente em Jerusalém. Esse horário exigiria do cantor o esforço de acordar muito cedo um dia depois de sua chegada, mas ele aceitou de bom grado. O presidente pediu que a imprensa israelense não fosse credenciada, porque iria insistir nas perguntas sobre política, e a proposta era algo mais descontraído.

Na conversa com Shuki, conheci dados interessantes de produções de eventos em Israel. Por exemplo, os produtores são obrigados por lei a disponibilizar quantas garrafas d'agua forem necessárias para atender a equipe durante a montagem e construir tendas para áreas de descanso dos trabalhadores, já que o sol é inclemente. O Sultan's Pool é uma área que pertence à prefeitura e tem um gestor que acompanha cada montagem. As regras são rígidas: a partir das 23 horas não pode haver nenhum barulho, ou seja, as montagens que vemos no Brasil com equipes virando a noite para ter tudo pronto a tempo em Israel não funcionam. É necessário montar um bom cronograma.

No local existe uma estrutura de palco que atende a quase todos os espetáculos durante o verão, mas entraríamos com uma bem maior, medindo 40 metros de fren-

O sistema de sustentação do cenário com 6,5 m de altura foi feito com a ajuda de um guindaste. As peças não podiam ser fixadas no solo porque o local faz parte de um sítio arqueológico.

te e 26 metros de fundo. Só podíamos iniciar o trabalho em 2 de setembro, porque um dia antes aconteceria o esperado show de um dos maiores artistas israelenses, o cantor e compositor Shlomo Artzi, um sessentão que canta no estilo folk rock, leva a plateia ao delírio, e vende mais de 1,5 milhão de discos. Como dia 2 era sexta-feira, e a partir das 16 horas ninguém trabalha, assim como no sábado por causa do *shabat*, conseguimos, com o bom jeitinho brasileiro, colocar uma parte da estrutura do cenário antes do show do Shlomo.

    O cenário era um caso à parte. Monumental. Na primeira proposta seria construído na Bélgica. Mas recebemos um orçamento de novecentos mil euros, e o prazo possível para entrega era fevereiro de 2012!!! Nenhuma chance e, por causa disso, a produção descobriu a Stage Design, fábrica de cenários em Tel Aviv. Mas surgiu um impasse: o piso do cenário. O orçamento previa um piso básico com um tapete de qualquer cor, mas o preciosismo de quem quer fazer tudo perfeito propôs um piso com textura de pedra para ficar em harmonia com a reprodução da Cidade Velha. Assim, o valor cresceu na mesma proporção.

* * *

Saímos do escritório de Shuki em Tel Aviv rumo ao aeroporto. Mariangela, Genival e Shuki iam buscar Roberto Carlos e sua comitiva, eu ia receber os jornalistas. Adoraria ter sido um mosquito na noite anterior para ver a reação de cada um dos jornalistas ao constatarem que o cantor estava no mesmo voo acompanhado de Jayme Monjardim e Dody Sirena.

ENCONTRO COM PERES

No hotel, os jornalistas se surpreenderam com a notícia de que a primeira atividade seria um bem-vindo encontro com Roberto Carlos. A agenda apertada se devia ao fato de o cantor ser recebido pela manhã na residência oficial do presidente Peres. Como os jornalistas não poderiam estar presentes no local, Roberto contaria com detalhes o encontro. O sistema de governo em Israel é parlamentarista, e, apesar de não ser presidente de fato, Peres é presidente de honra. Tudo que se refere à visita segue um protocolo rígido. As dez pessoas cujos nomes constavam da lista enviada ainda quando estávamos no Brasil tiveram que chegar ao local trinta minutos antes do horário do encontro – 11 horas – para os procedimentos de segurança. Os fotógrafos Cláudia e Maurício, e o cinegrafista Barba, tiveram que chegar uma hora antes. E lá fomos nós.

Os jardins da casa são lindos, um vasto gramado, plantas ornamentais, cercas-vivas e um alpendre coberto que dá acesso a um largo salão onde se chega à sala da recepção. Não demorou muito para a cerimonialista anunciar a entrada do presidente Shimon Peres. Extremamente simpático, depois de cumprimentar efusivamente Roberto, acompanhou o cantor na hora de apresentá-lo a cada um dos membros da comitiva. O ilustre anfitrião

Roberto Carlos chega à residência oficial de Shimon Peres com quem teve uma conversa leve e bem-humorada. Ao lado, uma foto histórica: o rei ao lado do Presidente Peres e do seu empresário, Dody Sirena.

deu boas-vindas ao artista de forma poética: "A sua voz chegou à Jerusalém antes de seu corpo". A sala com sistema de som amplificado fazia com que a conversa fosse audível sem microfone. Roberto retribuiu parabenizando Peres, que havia completado 88 anos uma semana antes, e elogiou sua forma física; o aniversariante complementou que não se considerava com 88 e sim com "8 e 8".

Roberto Carlos ainda fez uma saudação em hebraico *shalom aleinu kol ha'olam*, que quer dizer "paz para nós e para todo o mundo". Como numa espécie de talk show, o presidente "entrevistou" o cantor e quis saber quais eram suas canções favoritas, e, entre centenas, Roberto lembrou "Detalhes", "Emoções" e "Como é grande meu amor por você". Cantou um trecho de "Emoções"

O primeiro encontro com os vinte jornalistas que o acompanharam nesta jornada.

e, diante da pergunta de qual a sua primeira canção, cantarolou em espanhol um pedacinho de "Amor y más amor", a música que apresentou em público quando tinha apenas nove anos. Contou que suas músicas falam de amor, e o presidente, bem-humorado, perguntou se compunha para uma, duas ou três mulheres, e Roberto respondeu "para todas". A conversa transcorreu como entre dois amigos, e o presidente ficou surpreso ao saber a idade do cantor, dizendo "bem-vindo ao clube"!

O encontro, todo falado em inglês, teve raras interferências do intérprete e foi encerrado poeticamente com a afirmação do anfitrião de que "Israel é um país unido pela música e desunido pelas palavras".

Com menos de 24 horas em Israel, tudo corria como planejado. Da residência oficial seguimos direto para o hotel, onde os jornalistas aguardavam Roberto. Além dos jornalistas que viajaram a nosso convite havia os

correspondentes brasileiros em Israel, alguns correspondentes da imprensa latina e, surpreendentemente, um jovem soldado com um gravador na mão.

Sentados à mesa para a coletiva, Roberto Carlos e Dody Sirena se cercavam das bandeiras do Brasil e de Israel. Enquanto respondia as perguntas, o cantor movimentava o fio azul do microfone sob a toalha branca da mesa formando desenhos abstratos. Ao lado de sua assessora de imprensa Ivone Kassu, ouvia as perguntas sobre o desafio do show, os locais sagrados que iria visitar para a gravação do especial da tv Globo, o repertório e o prometido disco com músicas inéditas. Roberto contou como se sentiu ao ver galhardetes com sua foto espalhados pelas ruas da cidade anunciando o show e com enorme simplicidade comentou: "Quando cantei pela primeira vez na rádio Cachoeiro, aos nove anos, jamais pensei que uma coisa assim pudesse acontecer na minha vida. Fiquei sinceramente emocionado quando passei pelos cartazes".

O artista estava incerto quanto a cantar em hebraico: "Tenho que saber direitinho o que estou cantando para não ficar olhando para o teleprompter todo o tempo". O teleprompter é um equipamento que projeta as letras das músicas em uma tela e ajuda o artista durante os shows.

Os repórteres perguntaram sobre segurança, e Roberto disse que era um ponto que não o preocupava. "Foi uma das coisas que falei com o Dody, mas ele já havia passado por aqui e assegurou que está calmo".

Depois da coletiva, Roberto Carlos é entrevistado pelo jovem soldado Eyal Marco, repórter da mais importante rádio de Israel, a Galei Zahal, pertencente ao exército.

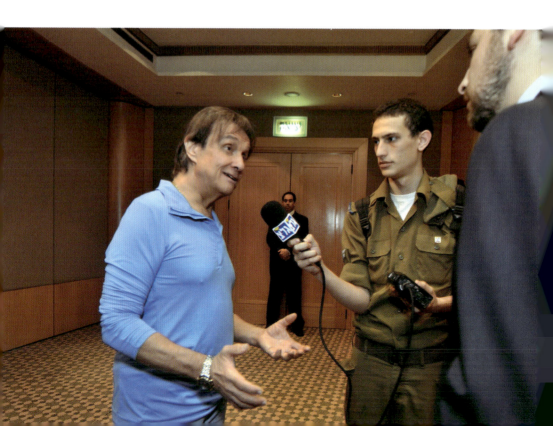

Roberto não se esquivou à pergunta sobre política brasileira. Em sua avaliação "vai indo bem. Ela (a presidente Dilma Roussef) está lutando muito para resolver algumas questões, impor seus pensamentos e suas ideias. É uma luta grande, ela tem que ser muito forte. E acho que a gente tem que colaborar com tudo o que puder para Dilma fazer o melhor".

Sem entender uma só palavra em português, o soldado israelense continuou acompanhando a entrevista e ao seu lado Lucas Lejderman, misto de guia e intérprete, traduziu perguntas e respostas. No final da coletiva, Kurt, nosso braço no turismo, contou a Dody sobre a importância do repórter israelense, e pediu alguns minutos para uma entrevista reservada. O soldado Eyal Marco é repórter da mais importante rádio de Israel, a Galei Zahal, pertencente ao Exército. Eyal foi o primeiro dos muitos soldados com quem cruzei pelas ruas de Jerusalém. Eles estão em todos os lugares. São pouco mais que meninos andando com uma metralhadora embaixo do braço, de mãos dadas com as namoradas, muitas vezes também do Exército, que carregam seu próprio armamento.

CENÁRIO

No dia seguinte ao encontro com o presidente Peres, a produção entraria definitivamente no Sultan's Pool para levantar o cenário.

Em agosto, quando Mariangela e Andrea viajaram para preparar a logística do show e fazer a primeira inspeção na construção do cenário, a estrutura ainda estava no básico. Um mês depois, o projeto da cenógrafa May Martins saiu do papel e ganhou vida. De tão perfeito, parecia real com o acabamento do Muro das Lamentações e a cúpula dourada do Domo da Rocha. Criativa, a equipe usou madeira e isopor, aplicou técnicas de redutor e calor, para moldar os relevos. Fez a pintura a partir de observação minuciosa e de registros fotográficos. Para reproduzir fielmente a cúpula da igreja das Nações, no Getsêmani, foi feita a aplicação de uma foto gigante, mais de 8 m de comprimento por 1 m de altura, com retoques de pintura em todos os seus detalhes para ganhar uma textura próxima do que se vê no original diante de qualquer ponto da cidade. Simplesmente deslumbrante!

No amanhecer do dia 2, o cenário começou a ganhar forma. Era preciso aproveitar o dia, porque a partir das 16h30 a equipe israelense teria que parar por causa da tradição do *shabat*. Ainda havia o piso que ganharia uma plotagem especial para chegar à mesma textura das paredes. E, com a decisão de gravar o show em 3D, foi necessário revestir a borda do palco reproduzindo as pedras de Jerusalém.

Tudo que se referia ao palco do show foi fechado em comum acordo entre a DC Set e a Rede Globo. Do cenário à contratação das empresas de som, luz e telões. O inglês multimídia Patrick Woodroffe, *lighting* designer, que, entre outros trabalhos, fez parte da equipe da turnê

Dody Sirena apresenta à imprensa a equipe da TV Globo e da DC Set responsável pelo espetáculo.

O croqui do cenário de May Martins como foi apresentado a Roberto Carlos. A realização foi perfeita.

e do filme *This is it – Michael Jackson*, criou a iluminação do espetáculo. A execução seria em conjunto com Césio Lima, um expert no assunto no Brasil, que atua na equipe de Roberto Carlos há muitos anos e é também diretor de fotografia na Globo. Ambos tinham o desafio de deixar o cenário ainda mais imponente. O premiado diretor de fotografia Afonso Beato, referência nos anos 1960 no início do Cinema Novo no Brasil por seus trabalhos com Glauber Rocha, e desde os anos 1970 radicado nos Estados Unidos, veio se somar ao grupo.

A equipe da Rede Globo trouxe trinta profissionais com a confiança de que iriam utilizar 90% de recursos israelenses. Desde janeiro, quando André Dias, acompanhando Dody, visitou o local, o planejamento começou a ser desenvolvido. Outras viagens se sucederam, e no final de julho o produtor Cláudio Dager mais uma equipe de engenharia retornaram a Israel para as primeiras contratações. Ao todo foram contratadas doze empresas, cada uma atendendo a uma área, porque, para além do show, havia gravações com Roberto em diversos lugares, cujas imagens seriam inseridas no especial.

Causou forte impressão em todos da produção o sistema de sustentação do cenário, que media 6,5 m de al-

tura. Por meio de um guindaste, colocaram uma peça de uma tonelada e meia como contrapeso e, com fitas largas, que iam do contrapeso ao alto da estrutura, fazia a tensão para suportar o vento. O contrapeso ficava praticamente escondido atrás dos cenários, já que essas peças enormes não podiam ser fixadas no solo, porque o local faz parte de um sítio arqueológico. O subsolo da cidade é surpreendente. Não foi à toa que tentaram, por mais de dez anos, construir um metrô, e quanto mais escavavam, mais descobriam raridades. O jeito foi criar o metrô de superfície, e a inauguração foi pouco antes de nossa chegada.

Em pleno *shabat*, sábado dia 3, eu e Cláudia saímos do hotel às 4h30 em direção à basílica do Santo Sepulcro para acompanhar a gravação da primeira cena externa. Entramos pelo portão de Jafa, caminho da feira árabe, ao lado da Cidade de Davi. Esse portão, um dos oito em torno da muralha, tem enorme importância na história de Jerusalém. Dizem que se de sua entrada for traçada uma linha reta em direção a Tel Aviv, chega-se ao local onde havia o principal porto da região.

A basílica do Santo Sepulcro, apesar de sua importância, fica num lugar bem escondido, no final da Via Dolorosa, com acesso por um pequeno portão. Eu já tinha passado por ali, mas com o burburinho da feira dos árabes, não havia notado.

Segundo a tradição cristã, a basílica foi erguida no local onde Jesus Cristo foi morto e sepultado, e onde depois ressuscitou.

O interior da Basílica do Santo Sepulcro, cuja primeira estrutura foi construída com o empenho da Imperatriz Helena de Constantinopla, mãe do Imperador Constantino, o Grande.

Fomos andando pelas ruelas, seguindo os jovens que carregavam cadeiras para a gravação, e chegamos ao local onde Jayme e toda a equipe já estavam. A igreja abre às 5 horas e a escolha de gravar nesse horário tinha a intenção de fugir do movimento de turistas que vêm de toda parte do mundo. A chegada de Roberto estava prevista para as 6h20. Passei em frente à pedra da unção, onde a câmera estava colocada, esperando o cantor, e como ainda havia tempo, assisti à primeira missa às 5h30 no próprio Santo Sepulcro. À minha frente estavam franceses, ao lado, alemães, do outro lado, indianos e, mais à frente, um grupo que não consegui distinguir o idioma, mas todos rezavam ao mesmo tempo e seguiam o ritual.

Roberto Carlos chegou num pequeno carro elétrico, como os usados em campos de golfe, porque, devido ao seu pequeno tamanho, consegue circular pelas ruas. Carlos De Lannoy, correspondente da Rede Globo no Oriente Médio, já o esperava. Seria um companheiro constante durante todos os dias, porque Carlos Schroder, diretor geral de jornalismo da Globo, recomendara grande cobertura, acompanhando cada passo de Roberto na Terra Santa.

Dentro da basílica do Santo Sepulcro, Jayme montou o equipamento para a gravação na lateral da Pedra da Unção, um local de passagem obrigatória para qualquer visitante. A pedra de calcário rosa é memorial, data de 1810 e representa o lugar onde foi colocado o corpo de Jesus depois de ser retirado da cruz. Ali ele foi ungido com óleos, uma mistura de mirra e aloe, purificado e, depois, seguindo um ritual judaico, foi embrulhado em panos e levado à sepultura. As cinco últimas estações da Via Dolorosa (ou Via Sacra) se encontram dentro da basílica do Santo Sepulcro. Fiéis de todo o mundo passam por ali, ajoelham-se, rezam, beijam a pedra, que sempre exala um aroma de rosas.

Na entrada do Santo Sepulcro está a Pedra da Unção, representando onde Jesus foi colocado depois de retirado da cruz, limpo e enrolado em panos. Um local de enorme emoção para fiéis de todos os credos.

O teto de uma das capelas da Basílica do Santo Sepulcro.

Ainda com poucos turistas, Jayme mostrou para Roberto o que desejava gravar: o cantor caminharia em direção à Pedra da Unção, se ajoelharia, colocaria a mão na pedra e faria uma prece. Um movimento normal a todos os que lá se dirigem. Como o local é pouco iluminado, foi colocada na enorme porta de entrada uma estrutura de iluminação com um rebatedor, algo maior que um guarda-sol para que a luz não incidisse diretamente e fosse mantido o clima do local. Quase todos da equipe se dispuseram a fazer a mesma cena que o cantor iria gravar.

Com tranquilidade, Roberto Carlos repetiu a cena a pedido do diretor. Circunspecto, caminhou, e nesse momento era impossível separar o cantor do homem, afinal é a mesma fé que permeia toda a sua vida. A gravação foi feita com poucos turistas circulando pelo local, e isso permitiu que Roberto visitasse o Santo Sepulcro, acendesse velas, chegasse aonde Helena (reconhecida depois como Santa Helena) encontrou a cruz de Cristo – os que acompanharam o cantor perceberam a sua emoção ali. Ele ainda foi homenageado pelo patriarca da Igreja Católica em Jerusalém, Fouad Twal, e recebeu a medalha da Cruz do Mérito.

O Monte das Oliveiras faz parte de uma cadeia de colinas com três picos e tem esse nome pela quantidade de oliveiras que cobriam suas encostas. Algumas árvores têm mais de 2 mil anos, testemunhas do sofrimento de Jesus.

Na saída do Santo Sepulcro, seguindo as ruelas da Cidade Sagrada em direção ao portão de Jafa, vimos as lojas se abrindo e, para surpresa dos comerciantes, Roberto seguia no carrinho elétrico cercado pela equipe. Alguns dias depois, muitos comerciantes ouviriam falar de Roberto Carlos, por causa da quantidade de turistas brasileiros que por ali passariam.

Da Cidade Sagrada fomos ao Monte das Oliveiras, próximo ponto de gravação. A comitiva com dois carros e duas vans seguiu pelas ruas até a parte oriental da cidade, atravessando o vale do Cedron. O Monte das Oliveiras faz parte de uma cadeia de colinas com três picos e tem esse nome pela quantidade de oliveiras que cobriam suas encostas.

Uma autorização permitiu que Roberto Carlos chegasse próximo das oliveiras milenares, colocasse as mãos em seus troncos e desfrutasse um momento exclusivo. Tudo pronto, a câmera correu pelo trilho, re-

gistrou o cantor naquele encontro com a natureza e o visual panorâmico da Cidade Santa. Dali é possível ver perfeitamente o portão Dourado, o único entre os oito que está sempre fechado e, segundo a tradição dos judeus, por onde o Messias vai chegar a Jerusalém.

* * *

A equipe que fez o filme *Avatar*, a Brash3D, começou a chegar durante a madrugada. Eram onze profissionais vindos do Canadá, do México, da Colômbia, da Alemanha e apenas um do Brasil, mas todos fariam a gravação do show em 3D. Uma torre de babel.

Estávamos em pleno *shabat*, e tudo que consegui ao chegar ao hotel foi pedir um sanduíche frio para comer no quarto. Os restaurantes nas proximidades estavam fechados. As ruas estavam praticamente desertas, um dia de descanso diferente para nós que somos acostumados a fazer uma porção de coisas aos sábados. No *shabat*, os judeus seguem as leis que estão na Torá e não se deve fazer esforço, só os mínimos movimentos necessários. Até o elevador do hotel funciona diferente: não atende as chamadas, para em todos os andares. Ou seja, não é preciso apertar a tecla para chamar o elevador. À noite, depois das 21 horas, tudo volta a funcionar, e Dody Sirena veio jantar com os jornalistas no hotel. Um encontro agradável em que ele contou sobre o mercado do show business, direitos autorais, tecnologia digital e outros tantos temas que andam na cabeça da imprensa que acompanha o meio artístico. Dody trouxe também a boa notícia de que no dia seguinte os interessados poderiam acompanhar as gravações no Parque Arqueológico e no Muro das Lamentações. Era tudo que os jornalistas queriam.

Roberto Carlos caminha e se emociona no Monte das Oliveiras.

GRAVAÇÃO

U m domingo com cara de segunda-feira, assim parecia aquele 4 de setembro em Jerusalém. Ficamos aguardando a confirmação da produção da Globo quanto ao melhor horário para a gravação no Parque Arqueológico e no Muro das Lamentações. A posição do sol faria toda a diferença na luz que incidiria sobre Roberto, e deixei os jornalistas de sobreaviso. Os dois locais de gravação eram dentro das muralhas da Cidade Sagrada ou muito próximos. A primeira locação, apesar de ser externa, tinha um contraste incrível com as construções antigas: um centro de avançada tecnologia. As portas de vidro do Davidson Center levavam aos porões de um edifício do século VIII, cuidadosamente preservado e restaurado. São maravilhosos trabalhos artísticos e descobertas arqueológicas que levam os visitantes a uma viagem ao passado. Através de uma montagem virtual tridimensional baseada em

A área restrita às mulheres no Muro das Lamentações.

UM SHOW EM JERUSALÉM

textos antigos e escavações é possível se sentir subindo pelas escadas do Segundo Templo, caminhando por entre suas altas colunas.

Roberto Carlos chegou às duas horas da tarde. Uma pequena tenda foi montada para servir de base para os equipamentos de gravação. O trilho por onde a câmera correria, mostrando o cantor olhando o cenário milenar, já estava colocado. Sob um sol escaldante e protegido por um guarda-sol, Roberto se postou no local preestabelecido enquanto o diretor explicava detalhadamente tudo que iria acontecer. No final da gravação, por indicação de Lucas, Dody convidou Roberto para ver uma pequena rua da época herodiana em meio às ruínas. Essa rua ficava na entrada do templo e havia um pequeno comércio em toda a sua extensão. Consta que a profecia de Jesus de que "não vai sobrar pedra sob pedra em Jerusalém" foi baseada na desordem existente na entrada desse templo. Os que estavam próximos a Roberto comentaram que ele se emocionou ao pisar nas pedras por onde Jesus passou. Roberto Carlos já podia dizer "Jesus Cristo eu estou aqui".

Saímos a pé em direção ao Muro das Lamentações: jornalistas, fotógrafos e equipe de produção. Roberto seguiu de carro para se proteger do sol. A montagem para a gravação estava pronta, apenas os homens poderiam acompanhar o cantor até o muro, porque há uma divisão entre a parte masculina e a feminina. Com o quipá, um pequeno chapéu em formato redondo usado pelos judeus, Roberto foi caminhando em direção ao muro.

Jerusalém é alvo de constantes estudos arqueológicos. Por mais de dez anos tentaram construir um metrô mas, à medida que escavavam, descobriam mais raridades. O jeito foi fazer o metrô de superfície.

Era a sua primeira visita a essa construção que tem mais de oito metros de altura e muitas histórias.

Roberto colocou as mãos no muro e ali ficou por alguns momentos, sem dar atenção a mais nada. Quando estava saindo do local da gravação, dirigindo-se ao carro, um judeu ortodoxo, que ninguém da equipe conhecia, se aproximou dele. Com a ajuda de Lucas, soubemos que era o rabino Shmuel Rabinovich, responsável por quase todos os lugares sagrados de Israel, uma figura de altíssima respeitabilidade que raramente aparece em público, por isso a comoção dos judeus que assistiam àquela cena. Ele soubera que Roberto Carlos estaria gravando no local, que era uma pessoa importante e falava a milhões de pessoas, e por isso saiu de seu local de estudos para dar as boas-vindas. Agradeceu a visita e deu uma bênção, desejando que todas as preces feitas por ele e por todos a quem desejou fossem atendidas. Ainda contou que o rei Salomão, quando construiu o Primeiro Templo, pediu a Deus que todas as preces de quaisquer pessoas, judeus ou não, que chegassem a Jerusalém, fossem ouvidas. E concluiu dizendo que poucas pessoas têm o dom de cantar, e as que têm conseguem alcançar os mundos mais próximos de Deus. Quando o cantor se despediu do rabino, ele estava com os olhos cheios de lágrimas.

Com uma energia tão forte, o muro, um local tão emblemático para os judeus, faz limite com uma área cujo acesso é limitado aos árabes. Estavam previstas gravações nesse local, na Esplanada das Mesquitas, onde os

Alvoroço na esplanada que leva ao Muro das Lamentações com a chegada de Roberto Carlos. Era apenas um carro e dois seguranças, mas os israelenses reconheceram a imagem do rei nos cartazes espalhados pela cidade.

Sob um sol de 40º C às duas horas da tarde.

muçulmanos construíram ao longo dos séculos o Domo da Rocha e a mesquita de Al-Aqsa, mas não se conseguiu a liberação para a visita.

* * *

A produção no Sultan´s Pool estava indo muito bem, tudo acontecendo como havíamos estabelecido. Naque-

la madrugada chegaram Rose (Batista) e Patrícia (Santos), ambas da equipe de São Paulo. Elas trabalham na empresa há mais de dez anos, conhecem toda a estrutura dos eventos e o humor do Dody até por seus passos. É fundamental ter as pessoas de confiança próximas, principalmente quando se está a mais de onze mil quilômetros de casa, cuidando da vida de muitas pessoas que sabemos que só viajaram por acreditarem em Roberto Carlos e nos projetos já desenvolvidos. Ainda faltava chegar a equipe de vendas, que conhecia bem cada um dos passageiros.

A relação do Muro com os judeus é de enorme intimidade. É como se fosse um ombro amigo, o colo da mãe, o conselho do pai.

O REI NA TERRA SANTA

* * *

As mudanças no orçamento surpreenderam a todos. Mariangela, Rose e Valter não conseguiam entender o preço abusivo de alguns serviços comparados aos valores praticados no Brasil e nas turnês habituais pelos Estados Unidos, pela América Latina e pela Europa. Os israelenses alegavam que tudo era lei: percentual de horas trabalhadas, multas da Prefeitura etc. – por causa disso, houve um aumento de 30 a 50% nos preços. Segundo os preceitos da religião, nenhum judeu deve trabalhar no *shabat*, mas se assim o fizer, que tenha maior remuneração, o que representa um aumento de 200%. Um carregador, profissional que transporta equipamentos nas montagens de eventos, além de seu preço/hora ser 100% mais caro comparado ao do Brasil, exige que sejam alugados carrinhos e empilhadeiras. O valor, dessa forma, vai subindo. Dois brasileiros que moram há muitos anos em Israel se incorporaram à nossa equipe para dar suporte na logística. Ajudaram os produtores a compreender essa forma de trabalhar tão diferente. Victor Lansky e Fabio Gelcer, curingas na operação, foram importantes para dar um clima de integração entre pessoas de grupos e nacionalidades distintas.

* * *

Segundo Dody, um dos exemplos da relação indisciplinada dos valores "é que culturalmente em Israel tudo tem valor, até mesmo o pensamento". Dá a sensação de querer criar dificuldade para vender facilidade. Um exemplo concreto: tínhamos que cobrir uma área de produção com um tecido preto para não interferir nas gravações. O orçamento apresentado foi de onze mil dólares, mas se trouxéssemos do Brasil não chegaria a mil dólares. Trouxemos o tecido, e eles alegaram que o departamento de incêndio não aprovaria por não ser um tecido antichamas. Então, pedimos o material que eles usavam e fizemos o teste: era igual ao nosso. Acabamos usando o que trouxemos.

O Muro é considerado o local mais sagrado do judaísmo.

BEDUÍNOS

—— • ——

Faltam três dias para o show e ainda não está definido se haverá a canção em hebraico. Já haviam desistido da canção em árabe. A situação entre judeus e palestinos fervia, e estava próximo o encontro que teriam na ONU. Era fácil perceber a zona de tensão.

A última gravação externa para o especial aconteceu no dia 5 de setembro. O local não podia ser mais deslumbrante: o deserto da Judeia. Distante pouco mais de quarenta minutos de Jerusalém, seguimos em comboio, dois carros e duas vans, em uma estrada de asfalto na direção do mar Morto até a entrada do vale de El-Qelt. Chegamos ao deserto da Judeia sob o sol do meio-dia. Com uma extensão de cinquenta quilômetros, o deserto vai até a cidade de Jericó, uma das mais antigas do mundo. O vale de El-Qelt corta uma parte significativa da região e traz à memória os tons proféticos da Bíblia, como as tentações de Jesus Cristo e o encontro

Chegando ao deserto da Judeia, no oásis construído pela Rede Globo para a realização das gravações do especial. O diretor Jayme Monjardim já aguardava com sua equipe. Ao sair do carro, o choque com a alta temperatura e a claridade das pedras.

com o bom samaritano. Por um bom percurso víamos apenas areia e pedras dos dois lados da estrada. Nem sombra de vegetação. Em alguns momentos, no meio daquela aridez, surgiram acampamentos de beduínos. Cabras e bodes são vistos em cercados junto às casas de madeira. Carros em garagens improvisadas cobertos de lonas e tecidos rústicos – talvez sejam peles de animais. Os beduínos são cerca de 10% dos habitantes do Oriente Médio. Esse grupo étnico surgiu ao norte da atual Arábia Saudita, ainda na Antiguidade. Quando os árabes conquistaram o norte da África, no século VII, os beduínos tomaram conta daquele continente. Viviam em grupos na Arábia e, com dificuldade de sobrevivência, atacavam as caravanas e os forasteiros. Depois da Primeira Guerra Mundial (1914-1918), essa forma de vida entrou em decadência, já que, sob controle dos países em que vivem, os beduínos não têm mais liberdade de perambular como nômades. Lucas, que viajava em nossa van, comentou que o governo de Israel tem oferecido

casas aos beduínos, mas eles insistem em ficar no deserto à beira da estrada.

* * *

Chegamos a um oásis ao pé da estrada asfaltada, montado pela Rede Globo para a filmagem. Um trailer equipado com ar-condicionado, uma tenda com uma farta mesa cheia de frutas e pães, profusão de garrafinhas com água gelada e três banheiros químicos refrigerados, altamente sofisticados. O local da gravação era um pouco mais alto. Subimos um morro onde no alto há uma cruz sem qualquer referência e dali se descortina o vale El-Qelt. Do outro lado do vale está o mosteiro de São Jorge. Estamos por onde Jesus passou ao sair de Jericó rumo a Belém. A câmera está no trilho, exatamente no topo do morro, voltada para o local onde Roberto irá se sentar sobre as pedras da região. Do alto, ele irá observar o deserto e o mosteiro. Contrastando

com as pedras e a areia, essa construção do século VI era o refúgio de profetas e religiosos desde o século IV a.C. Consta que esse mosteiro foi construído no século V d.C. por um eremita e passou a se chamar São Jorge depois que um monge com esse nome viveu no local. Uma história milenar, um sol de quarenta graus, um espetáculo deslumbrante, e Roberto acompanhava tudo com um olhar reflexivo.

* * *

A locação escolhida não podia ser mais perfeita. Sempre tive a sensação de que o deserto era coberto apenas de areia, mas aquele era coberto de pedras de muitos tamanhos. Coloquei algumas no bolso, claras como as usadas na construção das casas de Jerusalém. No final

Protegido do sol, Roberto Carlos aguarda a gravação.

da gravação, enquanto descíamos do morro, surgiu um beduíno com colares e panos para vender pendurados num burrinho, como os mascates que exerciam a profissão há mais três mil anos. Num passe de mágica, o oásis foi desmontado, o beduíno voltou ao deserto à espera de mais uma caravana, e nós pegamos a estrada de volta a Jerusalém.

Entrevistado por Carlos de Lannoy e com o diretor Jayme Monjardim.

O REI NA TERRA SANTA 135

PARÁBOLA

Lucas voltou no carro com Roberto e pôde ouvir o quanto o local havia sido significativo para o cantor – ele chegou a comentar sobre a forte energia e a emoção que havia sentido. Disse ter perdido seu olhar no horizonte do deserto. Em diversos momentos com Roberto, Lucas contextualizou os locais visitados com fatos religiosos e, dessa vez, relembrou a parábola do bom samaritano, que dizem ter acontecido naquela região. Para os judeus, a parábola tem um sentido profundo, porque o sacerdote e o levita (assessor do sacerdote) são figuras de muita representatividade na religião, e ignorar o próximo vai contra todos os preceitos. "Quem é o meu próximo?", a pergunta é suscitada na parábola. Lucas conta que a resposta de Jesus pode ser entendida como alguém não necessariamente da mesma religião, da família, os amigos ou quem admiramos. Não tem a ver com nacionalidade, cor, credo ou distinção de classe. Nosso próximo é toda pessoa que precisa de nossa ajuda. Nosso próximo é todo aquele que é propriedade de Deus, pontua Lucas.

De volta ao hotel, Dody comentou que a gravação no deserto havia se transformado em um rico momento de reflexão para todos que puderam usufruir das boas conversas com Lucas. Um mestre, um educador, um provável futuro rabino, uma das pessoas que faziam diferença nessa viagem.

* * *

Enquanto estávamos no deserto, o maestro Eduardo Lages saiu de Jerusalém em direção a Tel Aviv para encontrar doze músicos que se uniriam à orquestra de Roberto Carlos – a orquestra chegaria no dia seguinte. Há 33 anos como diretor musical do cantor, Eduardo levou do Brasil as partituras de doze músicas para serem executadas por oito violinos, duas violas e dois celos. O maestro gostou de ver os músicos que o esperavam. Quase todos jovens, oito rapazes e quatro moças, a grande maioria de nacionalidade russa. Como as notas musicais são universais, ele quase não precisou falar em inglês e escolheu uma canção reconhecida por muitos músicos para começar o ensaio: "Eu sei que vou te amar", de Tom Jobim. Nos primeiros acordes, o maestro sentiu uma grande satisfação com a qualidade musical.

* * *

Na noite de segunda-feira, com o cenário quase pronto, convidamos os jornalistas para visitar o Sultan's Pool, onde Dudy apresentou parte da equipe técnica. Da TV Globo, Mario Meirelles, ou simplesmente Mariozinho, talvez seja o que mais conhecia Roberto. Desde o gran-

O artista e a sua fé. Ao fundo, o Mosteiro de São Jorge.

de concerto com Luciano Pavarotti, em 1998, o nome de Mariozinho consta dos créditos de todos os especiais ao lado do diretor Roberto Talma. Essa relação tão próxima fez com que a sua preocupação aumentasse ao sentir, desde as primeiras viagens em julho a Israel, os conflitos na região entre árabes e judeus "como tensão de um caldeirão". "Quem conhece a espiritualidade do Roberto sabe o quanto esse é um espetáculo importan-

Ensaio geral, quando todos os detalhes são repassados.

te, e não queremos que nada interfira", comentou nessa noite Mariozinho.

O palco iluminado deixou todos boaquiabertos. A enorme plateia estava pronta. As cadeiras verdes de plástico resistente com assento móvel, dando ares de teatro, estavam numeradas, seguindo um mapa predeterminado no Brasil. Todos os ingressos tinham lugares marcados, e procuramos ter um controle dos locais dos convidados e dos patrocinadores. A infraestrutura oferecida pelo anfiteatro não era suficiente para atender a tantas equipes, e foram montadas algumas tendas atrás do palco. Os músicos da orquestra chegaram no fim da tarde, e no dia seguinte seria o único ensaio, já no palco.

SAUDAÇÃO DO PREFEITO

———•———

Na terça-feira 6, por volta das 20 horas, Roberto Carlos chegou ao local do show e, como faz habitualmente, cumprimentou a todos. Comentou com a assessoria de comunicação da Rede Globo que estava muito feliz com o espetáculo. "É com muita emoção que estou cantando em Jerusalém." Acompanhado de sua banda, composta de dezessete músicos, e tendo à frente o maestro e diretor musical Eduardo Lages, o artista conheceu os doze artistas israelenses. Abriu o ensaio com o clássico "Emoções". Depois, uma a uma das 24 canções do roteiro foi passada com a tranquilidade de quem já ensaiou dezenas de vezes. O único fato realmente novo era o coral de trinta brasileiros que vivem em Israel e que participariam de "Jerusalém de Ouro". Antes de o ensaio começar, com seu jeito educado de sempre, Roberto Carlos cumprimentou todos que estavam no palco. Depois o cantor se aproximou do coral e, em inglês, agradeceu a presença de todos. Disse o quanto estava feliz de poder contar com eles em uma

Genival Barros acompanha Roberto Carlos há mais de quarenta anos. Conheceu o artista na época da Jovem Guarda, e é responsável por toda a técnica em suas apresentações.

canção tão importante. Continuou falando em inglês até ouvir um obrigado em bom português e ficou admirado ao encontrar um brasileiro. Nesse mesmo instante, todos começaram a falar em português. Foi então que ele soube se tratar de um coral de brasileiros que vivem em Israel.

A lei determina que às 23 horas não tenha mais barulho, e mesmo que quiséssemos passar mais cinco minutos não seria possível, porque os encarregados do local estavam a postos. O som foi desligado e nada mais pôde ser feito no palco, mesmo sem som. Desde o início do dia ocorriam fatos estranhos entre a produção e a administração do anfiteatro, que pertence à municipalidade de Jerusalém. No dia anterior chegou um e-mail para Mariangela informando que o prefeito Nir Barkat

apresentaria o show. Ninguém entendeu a solicitação, ou melhor, a afirmação, já que nem mesmo no Rio de Janeiro, quando o show de Natal teve o patrocínio da Prefeitura, o prefeito subiu ao palco. O assunto passou sem darmos atenção, afinal tínhamos alugado o espaço, estávamos pagando todos os tributos ao Estado e ao município, cumprimos todas as normas. Nessa manhã, Dody recebeu um telefonema com um convite para ir ao gabinete do prefeito, mas era impossível em véspera de estreia qualquer ação de relações-públicas. Havia muitas coisas a resolver, estávamos definindo a logística do acesso, recebíamos os convidados – véspera de show tem sempre um clima de ansiedade. Com todos os fatos do dia, pressentia-se um ruído na comunicação entre a nossa produção israelense com o principal órgão público. Não falar o mesmo idioma e não entender a cultura local nos deixava a sensação de estar na corda bamba.

No dia 7 de setembro, o assunto de o prefeito apresentar o show voltou à cena. Para minimizar a situação, Dody convidou Nir Barkat a gravar uma mensagem em vídeo cumprimentando os brasileiros pelo dia 7 de setembro. Essa mensagem seria projetada nos telões antes do show, já que não cabia um discurso no palco. O prefeito concordou e acertou a gravação em seu gabinete à tarde. Pela manhã, conversei longamente com o assessor de comunicação para passar o conteúdo sobre Roberto e o projeto a fim de que fosse preparada a saudação. Às duas horas da tarde, acompanhada por Jorge Pinos e pelo câmera da equipe, o Barba, e levados por Zion Tugerman, CEO da Ariel, empresa pública que administra o anfiteatro e assessor do prefeito, fomos à Prefeitura para a gravação.

Enquanto aguardávamos o prefeito chegar do almoço, Jorge Pinos contava para Zion sobre a importância de Roberto Carlos nas Américas e na Europa, e, para ficar mais claro, resolvi usar um fator que fora determinante com outro israelense: tirei da bolsa o cartão de crédito Emoções com a foto do cantor. Zion não acreditou no que via e, a caminho do gabinete do prefeito, insistiu para que eu mostrasse o cartão antes da gravação.

Em uma mesa no canto da sala havia algo muito simpático que era oferecido aos visitantes: uma cesta com uvas, tâmaras e frutas secas. À frente da mesa do prefeito já estava montado o equipamento do teleprompter com a mensagem a ser gravada e onde seria plugada a câmera que Barba levou. Mais algumas trocas de gentilezas, elogios a Jerusalém, Jorge entregou DVDs do artista e, quando tudo estava pronto para a gravação, Zion cochichou no meu ouvido para que eu mostrasse o cartão de crédito. Inexplicável o efeito que ocorre diante de quem sabe o quanto é importante um artista, cuja imagem é utilizada para agregar mais valor às marcas poderosas como Citibank e Credicard. A partir daí passamos a falar uma linguagem internacional, e, além da mensagem aos brasileiros, o prefeito confirmou que iria ao show.

A tranquilidade de ter uma equipe que o acompanha em qualquer espetáculo permite que em apenas um ensaio no local tudo esteja definido.

ENFIM, O SHOW

Todos estavam confiantes com relação ao show. Estava tudo mais do que afinado, cada um sabia de sua responsabilidade, e a competência do grupo era mais do que confirmada. Mas, para tudo dar certo, nós tínhamos duas questões vitais fora do palco: o transporte para convidados/passageiros e o acesso ao anfiteatro para o público em geral. Foram vários dias preparando um esquema de transporte infalível. Desde o princípio havia um sinal de alerta quanto ao caótico trânsito em Jerusalém, principalmente no final do dia em torno do local. Ainda no Brasil, começamos um estudo com mapas viários, que foram confirmados no local.

Os motoristas e os agentes de segurança que fariam o trabalho participaram de palestras e, durante a semana que antecedeu o evento, percorreram várias vezes o trajeto e prepararam as variáveis no caso de haver algum acidente. Os ônibus sairiam de cada um dos quatro ho-

téis com um fiscal responsável pela seguinte operação: depois da entrada do último passageiro no ônibus, o fiscal fecharia a porta, colaria um selo blindando, como um lacre, a vulnerabilidade do transporte. O lacre só seria retirado no local do evento. Caso um ônibus chegasse com o lacre violado significaria que algo diferente teria acontecido no percurso e outras medidas seriam tomadas. Nenhum convidado ou passageiro percebeu essa operação de segurança, e todos chegaram ao local do show com até 35 minutos de antecedência, superando eventualidades e engarrafamentos.

O acesso para cinco mil pessoas era outro assunto que merecia cuidados, e foram criados três pontos principais de entrada e oito de saída para qualquer problema que viesse a ocorrer. Antes de os portões se abrirem, Roberto já estava no local acompanhado de sua equipe mais próxima: Carminha, Neide, Suzana, Guto,

O delírio do público durante o show. A linguagem era só uma: a música.

Maurício e os seguranças Wellington e Afonso. O palco estava impecável, esperando o grande momento. Era exatamente igual à maquete apresentada na primeira reunião, menos de seis meses atrás.

Faltavam quinze minutos para as oito horas da noite e já tínhamos a visão da plateia quase totalmente ocupada. Os ingressos que poucos meses atrás nos preocupavam, pelo andar lento das vendas, haviam disparado depois da chegada de Roberto a Jerusalém. A produção israelense conseguiu superar o problema da entrada dos equipamentos pessoais do cantor (o teleprompter e o earphone), que algumas semanas atrás o cônsul de Israel em São Paulo via como praticamente impossível. Era só esperar o show começar.

Nas primeiras filas, amigos, parceiros, admiradores que viajaram especialmente para serem cúmplices dessa história, como Patrícia e Tom Cavalcante, Regina Casé e Estevão Ciavatta, Leonel Andrade, do Credicard, Gustavo Marin, do Citicorp, Izael Sinem e Westermann Geraldes, da Nestlé, Kiki e Pedro Sirotsky, José Victor Oliva, Concceição Queiroz, Alex Lerner e também Bia Aydar, com quem, em novembro de 2010, Dody confidenciou a louca ideia que estava prestes a se tornar realidade.

O terceiro sinal avisou que o show iria começar. Correria na plateia, luzes diminuídas e imagens de Jerusalém nos telões da lateral do palco. Os locais mais simbólicos da cidade estavam reproduzidos. Um sino tocou algumas vezes e a voz de Roberto Carlos em *off* ecoou. Não como cantor, mas como narrador de um poema com fundo musical de uma de suas obras em parceria com Erasmo Carlos, "Jesus Salvador".

"Jerusalém, terra das boas aventuranças,
dos profetas, dos messias
aqui deste florido jardim de luz dourada e constante,
entre dois desertos distantes o milagre aconteceu
 porque aqui Jesus nasceu.
Entre muralhas e portões,
entre sinos que ecoam por detrás das pedras firmes de suas ruínas,
cantar é uma forma de oração.
Jerusalém divina.
Jerusalém da humanidade."

A excelência de uma equipe de mais de 400 pessoas que realizou um projeto que consumiu quatro quilômetros de cabos, o suficiente para dar a volta em toda a muralha da cidade antiga de Jerusalém.

Com o esplendor do palco iluminado e a sonorização perfeita, a plateia percebeu que a partir dali não seriam poucas as surpresas daquela noite. Antes de o cantor entrar em cena, a jornalista Glória Maria deu as boas-vindas.

"É um imenso prazer estar aqui nessa terra mágica dos milagres e das promessas, e do amor, claro! Neste cenário de tantas certezas e ilusões, preparem-se para inesquecíveis emoções." E sem conseguir esconder a voz embargada, anunciou o cantor. A plateia foi ao delírio quando, aos acordes de "Emoções", Roberto Carlos entrou no palco.

"Que emoção estar em Jerusalém, nessa Terra Santa, onde tantas coisas nos levam a uma reflexão profunda sobre a história da humanidade. A Jerusalém, minha reverência", foram as primeiras palavras do cantor que, acompanhado de sua orquestra de dezessete músicos,

UM SHOW EM JERUSALÉM

sob a regência de Eduardo Lages e de doze músicos israelenses, abriu o show.

"Eu poderia dizer muitas coisas, mas prefiro fazer isso cantando", disse ao iniciar "Além do horizonte". A terceira música, "Como vai você", ele cantou em espanhol e, na sequência, "Como é grande o meu amor por você". O público vibrou ao ouvir os acordes de "Detalhes". E vieram "Outra vez", "Eu sei que vou te amar" e "Mulher pequena", nas versões em português e em espanhol.

Glória Maria entrou novamente em cena, dessa vez com um texto sobre o Monte das Oliveiras, um dos locais visitados pelo cantor, que, no clima de reflexão, interpretou "Pensamentos". Antes de cantar em italiano "Ave Maria", de Schubert, Roberto disse: "A força da fé nos ajuda a prosseguir pelos caminhos que temos que ir". Na sequência, em homenagem à sua mãe, cantou "Lady Laura". E continuou com todo o romantismo com "Olha", "Proposta", "Falando sério", "Desabafo", culminando com a interpretação em inglês de "Unforgettable", quando tirou Glória Maria para dançar.

Roberto Carlos, ao cantar "Um milhão de amigos", fez com que toda a plateia cantasse em coro, e depois foi a vez de "O portão" e "Eu te amo, te amo". "Essa canção sempre foi interpretada por cantores de grande extensão de voz, como Lucio Dalla, Luciano Pavarotti e nosso grande Zezé di Camargo. Mas eu me atrevi e vou cantar do meu jeito", disse, ao iniciar, em italiano, "Caruso", uma interpretação inesquecível.

Com todos os ingressos vendidos, a plateia trouxe as cores de seu país nas bandeiras. Uma declaração de amor explícita ao artista que tem mais de 50 anos de música.

Glória Maria apresentou um pouco da história do Muro das Lamentações, lugar sagrado para os judeus e por onde o cantor também passou. Depois dessa introdução, Roberto Carlos cantou "A montanha".

"A liberdade não é só verde, azul, branca e amarela. Para um povo livre, a liberdade tem todas as cores da aquarela", e com essa introdução cantou "Aquarela do Brasil", em homenagem ao 7 de Setembro.

Impossível saber qual a emoção de Roberto frente à plateia, mas muito fácil conhecer a emoção da plateia frente ao artista. Foram diversas gerações, muitas nacionalidades, que cantaram, dançaram, aplaudiram, acenaram, levantaram faixas, bandeiras, independentemente de qualquer idioma. E quase ao final do show, quando começou a cantar em hebraico, parecia que esse era um

Pela primeira vez Roberto Carlos apresentou algumas de suas obras em outros idiomas para encantamento do público.

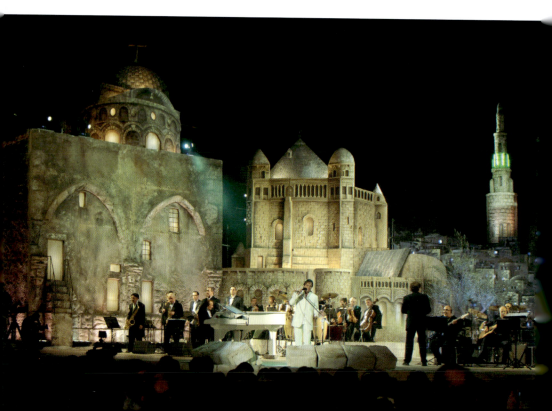

O REI NA TERRA SANIA

O encontro dos talentos de Patrick Woodroffe, May Martins e Césio Lima sob direção de Jayme Monjardim e Mario Meirelles levou a plateia em alguns momentos a acreditar que o palco não era cenário, mas a verdadeira Cidade Sagrada.

idioma universal, tal o envolvimento que a valsa "Jerusalém de Ouro" causou em todos. Bem próximo a mim estava Jaime Barzellai, produtor brasileiro que se divide entre Rio de Janeiro e Israel, que, profundamente tocado com a interpretação do cantor e a manifestação da plateia, chorava e repetia "meu coração não vai aguentar". Muitos devem ter sentido algo parecido.

Para fechar o espetáculo, as músicas "É preciso saber viver" e "Jesus Cristo", momento em que Roberto distribuiu rosas à plateia. Enquanto o público se preparava para sair, uma voz voltou à cena convidando para continuarem, já que, por uma questão de qualidade, duas músicas seriam regravadas. Olhei no relógio: eram 22h45. Todos nós sabíamos que depois das 23 horas não poderia haver nenhum som no local. A solicitação veio do produtor musical Guto Graça Mello, que há anos é responsável pelas gravações dos CDs e DVDs de Roberto. Assistindo ao show no caminhão de áudio, Guto percebeu que na música "Eu sei que vou te amar" a orquestra havia entrado fora do tempo. Ele considera que a interpretação de Roberto Carlos nessa composição de Tom Jobim e Vinícius de Moraes é muito valiosa, e merecia uma regravação. Numa análise rápida, já que iria regravar uma música, Roberto pensou: por que não cantar mais uma? E, com isso, escolheu "Como é grande meu amor", uma canção que sempre apaixona e faz a plateia participar ativamente. O relógio rodava e Roberto voltou ao palco num gesto de grande profissionalismo e de crédito ao produtor. As duas regravações ficaram espetaculares, e às 23h01 o show estava encerrado.

Até o final do espetáculo Dody Sirena estava muito tenso. Como um regente frente à sua orquestra de profissionais do show business, esperava que a sinfonia fosse executada como fora composta. E foi. Contou que, por alguns instantes, contemplou o sonho realizado depois da música "Eu quero apenas" (um milhão de amigos). Sentiu o prazer de ser responsável por aquele grande

O toque perfeito do maestro Eduardo Lages ao somar à orquestra de 17 músicos do artista, com 10 músicos de cordas de Israel e ainda um coral de 30 brasileiros residentes no país.

evento que passaria a ser parte importante da história de Roberto Carlos. E por que não da sua própria vida. O abraço que recebeu do cantor no camarim depois do show confirmava a confiança em seu trabalho. A "grande loucura" tinha dado certo.

Muitos passageiros, assim como a equipe da Rede Globo, músicos e jornalistas partiriam num voo especial às 8 horas, deixando o hotel às quatro da madrugada, preferindo dormir durante as quinze horas de voo até

No dia do show, 7 de setembro, uma profusão de bandeiras brasileiras em uma celebração especial no Oriente Médio.

São Paulo. Jayme Monjardim e Mario Meirelles tinham pressa em chegar ao Rio, porque as imagens do show precisavam ser editadas para o programa ir ao ar no sábado, dia 10. Quando saiu de Jerusalém, Jayme definiu assim a sua experiência:

"Já viajei várias vezes a Jerusalém, ao todo foram seis vezes. Conheço muito bem a região e não me canso de admirar essa cidade. Quando recebi o convite para dirigir o especial do Roberto Carlos em Jerusalém, aceitei na hora. Esse lugar tem magia. Se eu pudesse definir em uma palavra o que representou o projeto seria: emoção".

Nos dias que se seguiram, enquanto a equipe Globo trabalhava no Rio, Guto Graça Mello com os assesso-

De todos os cantos do anfiteatro tinha-se a imagem perfeita do artista reproduzida em enormes telões.

res de pós-produção Gustavo Modesto e Renato Oliveira montaram um estúdio num apartamento no hotel David Citadel. Sempre acompanhados do artista, ficaram dois dias analisando cada detalhe de áudio do show. Com aparato de um estúdio, utilizando dois notebooks e um computador de mesa, ouviram minuciosamente a gravação que, por ter sido ao vivo, ficou vulnerável a pequenos ruídos do ambiente e a alguma eventual falha dos instrumentos. No sábado, 10 de setembro, algumas horas antes de Roberto retornar ao Brasil, o trabalho estava concluído, e a trilha foi enviada pela internet para ser acoplada às imagens. Preciosismo? Não. Profissionalismo.

Dody Sirena retornou no mesmo voo que Roberto Carlos, acompanhado de mais uma parte da equipe. Pouco antes de embarcar, Dody comentou sobre a satisfação de ter visto a felicidade do cantor e a concretização de um sonho.

"Roberto Carlos faz shows em muitos lugares do mundo, mas a nossa grande superação foi a realização de um projeto neste nível de complexidade a mais de onze mil quilômetros de distância de nosso país. Os nossos três grandes desafios foram a segurança por estarmos numa região de conflito, a dificuldade de comunicação por não falarmos hebraico e a cultura tão distinta em todos os aspectos."

Ainda permaneci dois dias em Jerusalém, cheguei com o primeiro grupo e retornei com o último. Andando pelas ruas da Cidade Sagrada entendi que, com a magia da música em sua linguagem universal aliada aos homens de boa vontade, os milagres acontecem. Deixamos uma emoção nova entre cristãos, judeus e árabes. Plantamos uma rosa em Jerusalém.

Com Dody Sirena, mais de vinte anos de parceria: foi um privilégio fazer parte desse projeto.

AGRADECIMENTOS

Obrigada:

Cláudia Schembri, pela parceria nesse livro.

Andrea Orsovay, Esnair Neto, Genival Barros, Gilce Reis, Macgyver Zitto, Mariângela Carraro, Patricia Santos, Rose Batista, Suzana Lamounier e Tina di Lorenzo, pelo companheirismo na produção dessa aventura.

Cicão Chies, Duflair Pires, Jaime Sirena e Rivaldo Guimarães pelo apoio moral.

André Dias, por acompanhar todos os momentos desse projeto.

Ivone Kassu e Luciana Brasil, parceiras na comunicação.

Antonio Carlos Afonso, Carminha Silva, Guto Romano, Maurício Contreiras, Neyde de Paula, Wellington Mendonça, equipe RC, pela forma amiga como sempre me receberam.

Beatriz Rocha, Claudete Assumpção, Cristina de Oliveira, Cristovam Colombo, Fernanda Gutheil, Luciano Orsovay Stancka , Luiz Souza, Mara Silva, Marco Antonio Xuxu, Michele Lima, Nalva Silva, Odair Badoya, Ryane Silva, Suely Costa , Valter Benedictis , Viviane Silva e Wagner Barros, amigos DC Set-Projeto Emoções, juntos nessa empreitada.

Sra. Esther Dahan com Cecília, Dora, Pablo e Penha, por todo afeto e carinho.

Dr. Luciano Stancka, por me manter em forma.

Bernardo Penteado e Cacaia Jorge, interlocutores das minhas dúvidas.

E aos queridos amigos de Vila de Santo Andre da Bahia, onde escrevi esse livro.

CRÉDITOS

Organização e produção DC Set

Dody Sirena – Direção geral
Cicão Chies – Direção de produção
Mariangela Correa – Produção geral
Macgyver Zitto – Operações
Andrea Orsovay – Eventos especiais
Rose Batista – Administrativo e financeiro
Patricia Santos – Assessoria VIP Guests
Fernanda Gutheil – Assessoria jurídica
Cláudia Schembri – Fotografia
Léa Penteado – Imprensa e comunicação corporativa
Duflair Pires e Rivaldo Guimarães – Comercialização publicitária

Projeto Emoções em Jerusalém

Suzana Lamounier – Direção executiva
Gilce Reis – Direção de turismo
Cristina, Luiz, Viviane, Ryane, Michele e Beatriz – Comercial
Reynaldo Ramalho, Marco Coelho, Paulo Pontes, Antonio Carlos, Marcos Xuxu e Valter Benedictis – Financeiro
Luciano Stancka e Wagner "Kinkas" Barros – Produção
Suely Costa – Assistência de produção

Staff Roberto Carlos

Carminha Silva – Secretaria
Guto Romano – Produção executiva
Wellington Mendonça – Segurança
Antônio Carlos Afonso – Segurança

Equipe técnica Roberto Carlos

Genival Barros – Gerente de produção
Neide de Paula – Maquiagem
Thiago Bonanato – Iluminação
André Colling – Técnico de som
Abílio Cassol – Técnico de teleprompter – roadie
Ricardo Girardi – Roadie
Jefferson Almeida – Roadie
Maurício Contreiras – Camarim
Rodrigo Vieites – Intérprete técnica
Marcos Padilha – Técnico de vídeo
Luiz Ambar – Técnico de som
Francisco de Freitas "Barba" – Cameraman

Músicos

Eduardo Lages – Maestro
Norival D'Angelo – Baterista
Anderson "Dedé" Marques – Percussão
Tutuca de Paula – Teclados
Antônio Wanderley – Piano
Paulo Coelho – Violão e guitarras
Elias Almeida – Guitarra
Dárcio Ract – Baixo
Clécio Fortuna – Sax alto
Jorge de Margalhães Berto – Trombone
Nahor Gomes Oliveira – 1º trumpete
João Lenhari – Trumpete
Uvaldo Versolato – Sax
Aurino Oliveira – Sax tenor
Ana Lúcia Heringer – Backing vocal
Jurema Candia – Backing vocal
Luiz Carlos Ismail – Backing vocal

Equipe TV Globo

Glória Maria – Apresentação
Marcelo Saback – Roteiro
Jayme Monjardim e Mario Meirelles – Direção geral
Jayme Monjardim – Direção de núcleo
May Martins – Cenografia
Sonia Tomé – Figurino
Karin Wyler – Assistência de figurino
Césio Lima e Affonso Beato – Direção de fotografia
Guto Graça Mello – Produção musical
José Carlos Monteiro e Rosemeire Barros Oliveira – Edição
Fernando Costa, Leonardo Boaventura e Marcello Pereira – Colorização
Manoel Tavares, Octavio Lacerda e Kesner Puschmann – Sonoplastia
Jorge Banda – Efeitos visuais
Hans Donner, Alexandre Pit Ribeiro e Cesar Rocha – Abertura
Bernardo Portugal – Direção de imagem

Câmeras

José Passos dos Santos Filho
Carlos Rogers de Lima
Diego Karman
René Guariglia
Edison da Silva

Câmeras em Israel

Herzel Pur
Ilan Barda
Beny Ben David
Eyal Vaanunu
Asy Aivas
Alduby Ofer
Zohar Itzhak
Barel Boris
Hirsch Nir
Itzhaik Roni

Equipe técnica

Fernando Araújo
Carlos Abrahão
Rodrigo Rosa
Eduardo de Jesus
Andre Mendes
Fernanda Barbosa

Produção em Israel

Sharon Schaveet
Cory Korkos
Anika Pilnei
Haggit Erez
Gula Avigdor
Ran Golan
Roy Farag

Equipe de produção

Raphael Cavaco
Liliane Gerolis
Maria Carolina Mello
Samantha Santos
Marina Velloso
Norberto Pfeiffer
Claudio Dager – Produção executiva

Produção DC Set em Israel

Shuki Weiss – Produção executiva
Oren Arnon – Representante
Ayelet Dror – Administrativo-financeiro
Dana Lotan – Mídia
Sigal Gonen – Gerente de produção
Yaara Bar – Assistência de produção
Giora Porter – Site designer/inspeção do cenário
Shmelick – Gerência do local do show
Naor Bem Meir – Gerência de palco/técnico
Danit Carmelli – Credenciamento
Itshak Klienplatz – Engenharia elétrica
Itzik Zucker – Engenharia de segurança
Orem Barshavsy – Engenharia de infraestrutura
Yael Lotan – Transporte e hotéis
Nidar Oz – Assessoria de imprensa
Eli Moyal – Coordenação de segurança
Tammy Zehavi – Back stage designer

Fornecedores em Israel

Eyal Lavi – Stage design
Toma Yutkevich – Technical manager
Haim Miakinin – Mazuz Group – Iluminação
Eran Ben Zur – Mazus Group – Som
Felix Levy – Eletricidade e geradores
Shay Sagis – AVS – Tela de Led
Ilan Cohen – Internet

Repertório do show:

Emoções
Roberto Carlos/Erasmo Carlos

Além do Horizonte
Roberto Carlos/Erasmo Carlos

Como vai você/Que será de ti
Antonio Marcos/Mario Marcos – versão Buddy Mary McCluskey

Como é grande o meu amor por você
Roberto Carlos

Detalhes/Detalles/You will remember me/Dettagli
Roberto Carlos/Erasmo Carlos – versão Buddy Mary McCluskey/Sue Sheridan/Maximo Deda

Outra vez
Isolda

Eu sei que vou te amar
Tom Jobim/Vinícius de Moraes

Pensamentos
Roberto Carlos/Erasmo Carlos

Ave Maria
Franz Schubert

Lady Laura
Roberto Carlos/Erasmo Carlos

Olha
Roberto Carlos/Erasmo Carlos

Proposta
Roberto Carlos/Erasmo Carlos

Falando sério
Mauricio Duboc/Carlos Colla

Desabafo
Roberto Carlos/Erasmo Carlos

Unforgettable
Irvin Gordon

Eu quero apenas
Roberto Carlos/Erasmo Carlos

O portão
Roberto Carlos/Erasmo Carlos

Caruso
Lucio Dalla

Yerushalaim shel zahav/Jerusalém toda de ouro
Naomi Shemer – versão Salomão Schvartzman

A montanha
Roberto Carlos/Erasmo Carlos

É preciso saber viver
Roberto Carlos/Erasmo Carlos

Jesus Cristo
Roberto Carlos/Erasmo Carlos

Copyright © 2011 by Léa Penteado

Todos os direitos reservados. Nenhuma parte desta edição pode ser utilizada ou reproduzida – em qualquer meio ou forma, seja mecânico ou eletrônico, fotocópia, gravação etc. – nem apropriada ou estocada em sistema de bancos de dados, sem a expressa autorização da editora.

Texto fixado conforme as regras do novo Acordo Ortográfico da Língua Portuguesa (Decreto Legislativo nº 54, de 1995).

Fotografias: Cláudia Schembri
Edição e Preparação: Ana Tereza Clemente
Revisão: Cida Medeiros
Projeto Gráfico e Capa: Negrito Produção Editorial

1ª edição, Editora Globo, 2011

DADOS INTERNACIONAIS DE CATALOGAÇÃO NA PUBLICAÇÃO (CIP)
(CÂMARA BRASILEIRA DO LIVRO, SP, BRASIL)

Penteado, Léa
   Um show em Jerusalém: o rei na Terra Santa / textos Léa Penteado; fotos Cláudia Schembri. – São Paulo: Globo, 2011.

ISBN 978-85-250-5092-2

   1. Cantores – Brasil 2. Compositores – Brasil 3. Fotografias 4. Jerusalém – Fotografias 5. Roberto Carlos I. Schembri, Cláudia. II. Título.

11-12785   CDD-780.092

Índice para catálogo sistemático:
1. Cantores brasileiros: Show em Jerusalém: Documentário fotográfico   780.092

Direitos de edição em língua portuguesa para o Brasil adquiridos por Editora Globo S.A.
Av. Jaguaré, 1485 – 05346-902 – São Paulo – SP
www.globolivros.com.br

ESTE LIVRO, COMPOSTO NA FONTE PALATINO
E PAGINADO PELA NEGRITO PRODUÇÃO EDITORIAL,
FOI IMPRESSO EM COUCHÉ 115G NA YANGRAF.
SÃO PAULO, BRASIL, NA PRIMAVERA DE 2011.